核実験地に住む

カザフスタン・セミパラチンスクの現在

アケルケ・スルタノヴァ 著
Akerke SULTANOVA

花伝社

実験場内に広がるステップ（草原）

放射線量が非常に高いデゲレン山に近い地区。
立ち入り禁止となっている。

旧セミパラチンスク核実験場内

核実験によりできたチャガン湖の前で

地下核実験跡地

核実験演習に参加した兵士たち

セミパラチンスク核実験の絵

核実験の影響で生まれつき両腕がない、
画家カリプベク・クユコフによる。

「死よりも強し」モニュメント
（セメイ市）

クラス写真（1993 年、セミパラチンスク市）最前列左から
2 番目が筆者

ワリハーノフとドストエフスキー像の前で母と兄と
（1983 年、セミパラチンスク市）

カザフの伝統料理（馬肉ソーセージ）

筆者入学式（1990 年 9 月 1 日、
セミパラチンスク市）

筆者家族写真（1987 年、セミパラチンスク市）

広島留学中、広島平和記念資料館を見学（2000 年）

核実験地に住む——カザフスタン・セミパラチンスクの現在

目　次

プロローグ

——カザフスタンという国を知っていますか？

1. セミパラチンスクの核実験

ソ連による秘密裏の核実験

　20世紀の冷戦の過程で、ソビエト連邦（以下は「ソ連」とする）政府は軍需産業拠点の秘匿化を進めた。旧ソ連邦時代、カザフスタン共和国は核開発の最重要な拠点の一つであった。

　カザフスタンは、ロシア連邦の南、中国の西に隣接しており、旧ソビエト連邦時代には連邦の一構成国カザフ・ソビエト社会主義共和国であったが、ソ連崩壊にともない1991年12月に独立した。

　ソ連時代のカザフスタンには、多くの核関連施設が存在した[1]。なかでも、最も多くの実験が行なわれたのが、セミパラチンスク核実験場（Семипалатинский испытательный ядерный полигон）であった。この実験場は、カザフスタンの東北部にあるセミパラチンスク市（Семипалатинск）から西方約150キロメートル離れており、中国からカザフスタンを経てオビ川に流入するイルティッシュ川（Иртыш）の西方に位置している。面積は約1万8500平方キロメートルであり、四国（1万8300平方キロメートル）とほぼ等しい。

　ここでは、旧ソ連最初の核実験だった1949年8月29日の実験を皮切

1　セミパラチンスク核実験場以外に、Kapustin Yar、Azgyr、Lira、Say-Utes、Oral、Taisoigan、Urda、Zhangala、Zhamansor、Emba-5などの核実験場が存在した (Тлеубергенов С.Т. Полигоны Казахстана, Гылым 1997, стр.111, 48-62, Назарбаев Н.А. Эпицентр мира, Атамура 2003, стр. 51)。

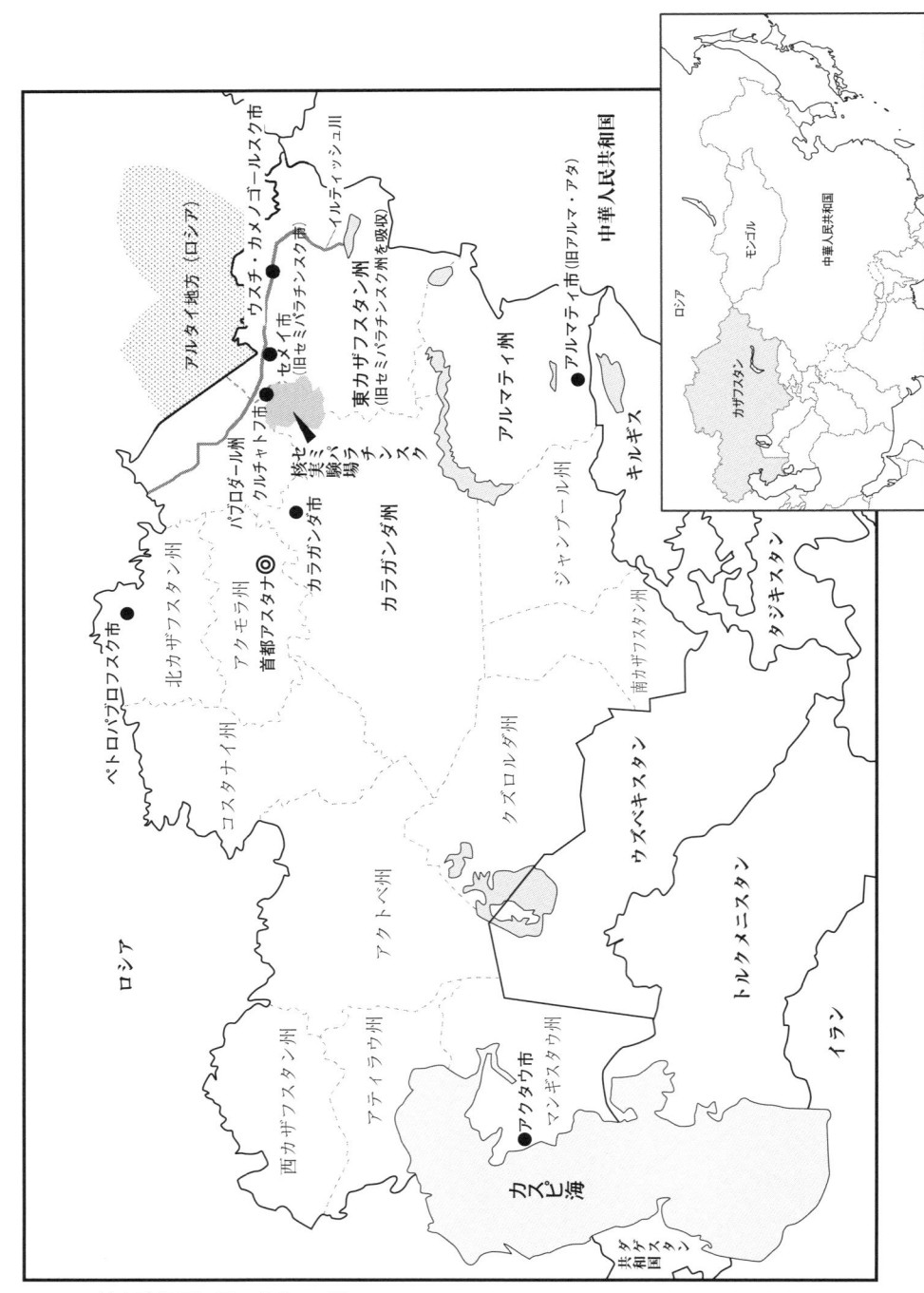

＊核実験場周辺図は本書 55 頁。

りに、1989 年までに軍事目的及び平和利用目的で 456 回の実験が行なわれ、その内訳は、地上 30 回、空中 86 回、地下 340 回である[2]。

　旧ソ連政府が、核実験を極秘で行ない、実験場周辺に住む人々を安全な地域へ移住させず、度重なる実験により大量の放射性物質が核実験場の周囲に飛散し、広い範囲で多くの住民が被ばくすることになった。死亡した人や旧ソ連崩壊に伴う人口流出を除いても、現在約 120 万人以上の被ばく者・被害者がカザフスタンに住んでいるとカザフスタン共和国政府は発表している[3]。40 年も続いた核実験によって、セミパラチンスク地域の生態系、社会・経済システム、そして人間の健康など様々な分野が破壊されたのである。

現在にまで続く被ばくの影響

　旧ソ連崩壊は、カザフスタンにとっても政治的な解放をもたらした。その結果、封印されていたセミパラチンスク核実験場の歴史や、実験によってもたらされた被害の一部を知ることができるようになった。こうして、セミパラチンスクは世界中の研究者から注目を浴び、特に放射線生物学、放射線物理学あるいは医学的観点からの研究が進められるようになった。

　セミパラチンスク核実験場閉鎖直後にカザフスタン共和国政府は、カザフスタンの独立にともなう国造りの課題とともに、被ばくをした住民のリハビリ、核実験の影響の研究と清算、国際社会に対しての協力の呼びかけ、国内に残った核武装の処理、セミパラチンスク地域の復興を目指す政策作りなど多くの課題に直面した。

　独立当初、住民は長期にわたり被ばくさせられたことで健康を失ない、子どもの将来に対して大きな不安を抱え、厳しい経済状況に置かれていた。

2　Mikhailov, V.N. (1996), Nuclear weapons tests and peaceful nuclear explosions in the USSR 1949-1990, Ministry of the Russian Federation on Atomic Energy and Ministry of Defence of the Russian Federation, Moscow; В.Н. Михайлов Ядерные испытания СССР, Том 1, Саров, ВНИИЭФ 1997г.

3　カザフスタン共和国保健省付属放射能医学環境研究所とセミパラチンスク市医学アカデミーへのインタビューより。

こうした精神状態によって、住民はまだ当時、自分たちの経験を冷静に語れるほどの段階になかったと言える。カザフスタン国内で反核実験運動が始まった1989年以降、マスコミも被害の実態の報道を始め、住民の取材に力を入れたが、放射能の影響で先天的に肉眼形態上の異常を持って生まれてきた子どもたちと成人の障害者の映像が当時の報道の中心であった。

しかし、核実験場が閉鎖されてから20年以上経つ今日も、実験場近郊で生活をし続ける被ばくした普通の住民の記憶と経験に基づくセミパラチンスク核実験場の生きた歴史は書かれていない。

2. カザフスタンという国

豊かな自然と文化

アジアとヨーロッパを合わせた、世界で一番大きなユーラシア大陸。その中心に私の母国、カザフスタンがある。北はロシアと長い国境を接し、南は中央アジア諸国、東は中国に囲まれている。

世界で9番目に広い国土を持ち、北と南、西と東の間には、気候の違いだけでなく、人々の習慣、食文化や考え方、子どもの育ち方などにも微妙な違いが存在する。都市から少し離れて郊外に出ると、どこまでも続く草原が広がる。都市間距離が長いので、車や汽車で移動すれば、春、夏、秋、冬、それぞれの季節に特有の美しさを見ることができる。冬は、北に行けば行くほど雪が多く、寒さが厳しい。一番寒い時期は気温がマイナス40℃を下回る。だが、春になると景色が一変する。草原に咲く数え切れない種類の野生の花、長くて厳しい冬に勝ち残ったことを喜ぶような狼、狐、鷲、サイガといった野生動物の様子——すべて自然が生まれ変わったことを感じさせる。

カザフスタンでは、新年の始まりを春に祝う。3月22日は、カザフスタンで「ナウルズ」と呼ばれ、日本の「春分の日」、すなわち、春の始まりと同じ意味を持つ。ナウルズは中央アジアを中心に、イラン、トルコなどアナトリア半島に至るまでの広い地域に移住するテュルク系民族共通の祝祭で、これらの地域にイスラム教が定着する以前から存在していた。

　夏は暑いが、「海から最も離れている水族館」というギネス記録もあるほどの国なので、湿度は低く、30℃を超える暑さでも隠れる影があり、風も吹く。その分、乾燥が強い。国土の44%を砂漠、26%をステップ（草原）、14%を半砂漠が占めている。

　現在は1800万あまりの人が暮らし、カザフ人がその6割を、ロシア人が2割以上を占めるほか、ウクライナ人、ウズベク人、タタール人、ウイグル人、ドイツ人、朝鮮人などと続く100以上の民族が平和共存する国だ。宗教はイスラム教（70%）とロシア正教（26%）が最も多い。カザフ人、ウズベク人、タタール人などイスラム教を信仰するテュルク系民族の間では、伝統的な民俗信仰の要素も強い。

　カザフ語が国家語であるものの、70年にわたってソ連を構成する国の一つであったため、ロシア語が異民族間共通の言語となっており、公用語でもある。独立直後はカザフ人の中でもカザフ語を話せない人が多かったが、今はカザフ語の国内でのステータスが日に日に上がっている。農村地域のカザフ人の若者だけではなく、インテリ層や都市部のカザフ人若者の多くも綺麗なカザフ語を話せるようになり、「Q-pop」などカザフ語音楽やカザフ語映画が、世界で認められるようになった。政府はカザフ語において、キリル文字からラテン文字への切り替えを進めており、2025年までの完了を目指している。

　中国、中央アジア、西アジア、ヨーロッパを結んだ偉大なシルクロードは、カザフスタンの領土をも通過し、カザフスタン人のアイデンティティー、文化、性格、習慣などに大きな影響を与えることとなった。人々は内気ではなく、初対面の人でも話に乗りやすく、おしゃべりが好きである。特に、結婚式、誕生日、記念日などのお祝いごとが大好きだ。昔は口承文学が盛んで、カザフスタンの広い草原にて、ポエム、詩、歌などを伝統的な楽器により歌い継ぎ、または語り継いだりして、口から口へと伝えていたので、今でも「カザフ人は記憶力が良い」と言われている。

　カザフ人は何百年も遊牧民として羊、馬、駱駝、牛を飼って生活を送っており、今も伝統料理は主に羊肉、馬肉、牛肉、乳製品や小麦粉を材料に作られる。料理技術や主な食材は遊牧民生活に大きな影響を受けており、

ベシュバルマック

例えば、お肉の塩漬けや乾燥など、長期保存するための技が多く存在する。

カザフ料理では必ず肉を使うので、秋から各家庭では長い冬に備えて大量の肉を冷凍させてストックしておく。カザフスタンでは、「世界で肉を一番多く食べるのは狼で、その次はカザフ人である」とのジョークがよく言われている。伝統料理の中で最も有名で人気のある料理は、ベシュバルマックだ。5本の指という意味で、昔は手で食べていたことに名が由来している。茹でた馬肉（手作りの馬肉ソーセージと胃袋も含めて）、それに牛肉を切って、下にパスタを敷き、上から肉汁と玉ねぎ、調味料などでできたソースが掛けられる。

乳製品では、馬の乳を発酵させて作る馬乳酒のクムズ、駱駝の乳を発酵させるシュバット、サワーミルク、カッテージチーズに塩を混ぜて乾燥させてから食べるクールトが有名だ。遊牧民は主にこの塩たっぷりのクールトからヨードの栄養を取っていた。カザフスタンの食文化には他の中央アジア諸国やロシア、そしてカザフスタン国内の多民族の料理の影響が強く見られる。ロシア人、タタール人、ウズベク人、朝鮮人、ウイグル人などの料理の影響で、近年のカザフ料理には野菜、魚、焼き物なども見られるようになった。

古代から独立に至るまでの歴史

カザフスタンの歴史は古く、紀元前から遊牧民が居住していた。紀元前4〜3世紀には サカ族によりカザフスタンの東南部に最初の国家が作ら

れた。サカ族は独自の字、神話、優れた芸術を持ち、カザフスタンの古代歴史に大きな跡を残している。「動物スタイルアート」として知られている彼らの金や銅を用いた傑作は、今でも世界中の展覧会を引き立てる。その中で一番有名なのはサカ戦士の墓から発掘された「黄金人間」である。

6世紀から13世紀初頭までのカザフスタンの領土には、西テュルク、テュルギシュ、カルルク、オグズ、カラハニド、キメック、キプチャクという国家が連続的に存在していた。13世紀のモンゴルの進出以来、モンゴル帝国の支配を受けるようになり、モンゴル人を支配者とした自立政権「ジョチ・ウルス」（カザフ語でアルティーン・オルダ）が築かれる。15世紀末にはカザフ・ハン国が形成されるが、18世紀に政治的統一を失い、東部の大ジュズ、中部の中ジュズ、西部の小ジュズという三つの部族連合体に分かれて草原に居住することになった。

18世紀初頭から、モンゴル系の遊牧民ジュンガルの襲撃がより頻繁になり、不安定な政治経済

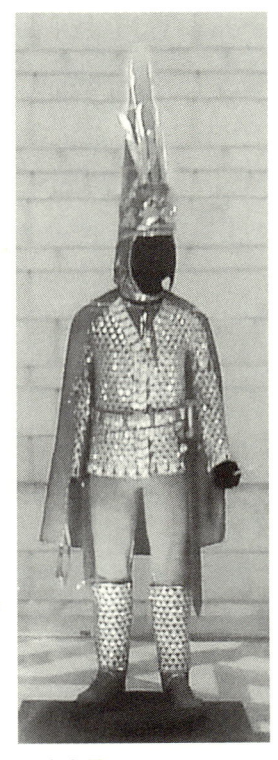

黄金人間

的状況の中で、1730年代から1740年代にかけて、中ジュズと小ジュズが服属を表明し、ロシア帝国の傘下に入る。1820年代ごろ、大ジュズもロシアの直接統治を受け入れた。カザフの三つのジュズと外交関係を結び、弱体化に乗じて統治に踏み切ったロシア帝国は、カザフ草原を、アクモリンスク州、セミパラチンスク州、セミレチエ州、ウラリスク州、トルガイ州、シルダリア州の6つの州に区分した。

ロシア帝国を倒した1917年のロシア革命後、カザフスタンもソビエト連邦構成共和国の一つとなった。シルダリア州、アクモリンスク州、そしてロシア帝国の主導によりウラル川とヴォルガ川の間に創設されたブケイ・オルダでは、ソビエト政権の確立が平和的に行なわれたが、セミパラ

チンスク州、ウラルスク州、トルガイ州では反抗が大きく、強制的に武力が使用された。前述の通りソ連下に入ると、1949年以降、セミパラチンスク核実験場では456回もの核実験が秘密裏に行なわれた。

ソビエト連邦崩壊により、1991年にカザフスタンは独立共和国となった。首都は、1997年に南部のアルマティ（旧称アルマ・アタ）から北部のアクモラに遷都され、翌年にカザフ語で首都を意味するアスタナに改名された。アスタナは、独立直後の困難を乗り越え、現在中央アジアでは最も市場経済化が進み、新たなカザフスタンを象徴する近現代的都市となっている。その都市計画のマスタープランは、日本の建築家故黒川紀章氏によって作られたものだ。

現在、カザフスタンの主な産業は、石油、ウラン、石炭、鉄鉱石、金・銅及び非鉄金属の採掘などである。また、カスピ海周辺の石油、天然ガスをはじめとする、レアアース、レアメタルなどの豊富な地下資源に恵まれている。

3．私の、セミパラチンスクでの幼少期

カザフ語の学校

私は1983年の6月に、セミパラチンスク市で生まれた。当時、父がチミリャーゼフ名称モスクワ農業大学の大学院に留学しており、母は現地の大学で化学の教師をしていた。5年年上の兄がいて、私が生まれて4年後には弟も生まれた。その頃の父は学位を取得し、セミパラチンスクの大学で畜産学を教え始めていた。

両親が共働きだったため、私は生後7ヶ月で保育園に入り、小学校に入る7歳までずっと同じ保育施設に通っていた。今と違って、当時のカザフ人は子どもを保育園に預けることは少なく、家で面倒を見るか、お祖母さん、お祖父さんのところに預けることが多かった。そのためか、保育園にいる何十人もの子どもの中で、私はずっとたった一人のカザフ人だった。

先生たちは厳しかったが、教育はとても良かった。5歳ぐらいで新聞を読めていたし、保育園でロシア語、家ではカザフ語というように使い分け

ていた。当時のカザフスタンでは物が不足しており、子どもの服などもなかなか手に入らなかったそうだ。父がモスクワから送ってくれる色鮮やかな可愛い服や人形を、幼少期に私はいっぱい持っていたことを何となく覚えている。

カザフスタンが独立共和国となる前年の1990年、私は小学校1年生になった。兄が通っていたロシア語の学校の中に新たに設置された、カザフ語で勉強する唯一のクラスに入った。

実は、私は小学校に入る前にロシア語の学校には行かないと主張し、カザフ語で勉強したい意思を親に強く伝えていた。当時、セミパラチンスク市にカザフ語学校が一つだけ存在していたが、それも家からとても遠かった。そこで私の親を含め何人かの親が、私たちの住む地区にあったロシア語学校の中にカザフ語で勉強するクラスを設けるための行動を起こし、首都アルマ・アタにレターを送ったり、子どもにカザフ語で勉強させたい人々を探し、彼らの署名を集めたりするなどして、多数の困難を乗り越えて目標を達成したのである。

1990年9月1日、セミパラチンスク市第18番ロシア語学校内に開設されたカザフ語のクラスには、21人の生徒が入学した。その中でカザフ語を話せるのは、私を含めて4人しかいなかった。

T・A・アルタバエヴァ氏（T.A. Altabayeva）。50代の彼女は、私の最初の担任の先生であった。小学校で教えるべき知識のみならず、ステージに上がってみんなの前で歌うことや踊ることを、詩を読むことや、自分の歴史、伝統をもっとよく知ることを教えてくれ、私の中からたくさんの可能性を引き出してくれた彼女の努力には一生感謝していくつもりだ。

彼女のもとで、新たな学校生活が始まったが、カザフ語の教科書がなかったため、最初は先生自作のノートを使って勉強していた。しばらくしてから、セミパラチンスク核実験場からわずか20キロの位置にある村の校長先生を務めていた祖父から、1冊だけの小学校1年生向けのカザフ語の教科書を譲ってもらった。当時はコピー機がなかったので、先生が生徒たちのため毎日21枚の紙に、その日に使う教科書の内容を絵を含めて書き写していた。

ナウルズ（新年のお祭り）でクラスのパフォーマンス。中央でマイクを持っているのが筆者。（1992 年、セミパラチンスク市）

　カザフスタン独自の教育プログラムは 1991 年の独立後すぐにできたわけではなく、その開発と切り替えには、1994 年までの歳月がかかった。私たちは、最初の 2、3 年をほぼソ連の教育カリキュラムに沿って勉強をした。レーニンを褒めたたえる詩を多く覚え、短い間でも自分がオクチャブリョーノック[4] になったことをとても誇りに思っていた。

　1992 年に初めてカザフスタン国歌が公表されてからは、クラス全員で必死に覚えて、毎日朝礼で胸を誇りでいっぱいにして歌っていた。

　私たちのクラスは愛国心が強く、伝統的な歌、踊り、演劇などクラスの全員が参加する演出プログラムが作られ、セミパラチンスク市の他の学校や老人ホームなどの施設で披露することもよくあった。カザフ語が全く話せなかった子たちにとっても、カザフ語が母語になり、ソ連の一部ではなく、自分の言語、文字、伝統と歴史を持つ独立したカザフスタンの国民としてのアイデンティティーが形成されたのである。これは担任のアルタバエヴァ先生と親たちの協力と努力の成果であった。3 年後、私たちのク

4　ソ連時代、1 年生になると星の形をした徽章（バッジ）をもらっていた。

ラスを基に第 26 番カザフ語学校が開設され、次第に大きな学校となっていった。

核実験の記憶

　正式なデータによると、セミパラチンスク核実験場での核爆発は 1989 年 10 月に終わっている。1983 年生まれの私は、少なくとも 1988 年、1989 年の核実験による地面の揺れをはっきり覚えている。それは一度や二度ではなかった。家具が倒れるほどの大きな揺れではなかったけれども、核実験場から 150 キロも離れているセミパラチンスク市内にあった実家の食器とシャンデリアが定期的に揺れていた音が記憶に残っている。

　揺れがあるのは、早朝や夜中ではなく昼頃が多かったことと、ラジオで予め通達される日付と時間に親が私たちと一緒に外に出て、地面の揺れが終わってから何もなかったかのように再び家に戻っていたことが 2、3 回あったのを、何となく覚えている。

　当時の私はそれが核実験であったことを知らなかったので、地震だと理解していた。親がそれを何と呼んでいたかは覚えていないが、彼らの不安は、私にも伝わっていた。揺れの時だけ、恐れと注意と不安が混ざったような空気が親の間にあって、それに影響されて自分も少し緊張していた。

　昔も今も、私の実家には来客が多い。小学校 2 年生の頃、いつものようにお客さんが集まったある日、その中に一度も会ったことのない親子がいた。カラウル村からやって来た、母の遠い親戚だという。母親の方は普通の女性だったが、娘は私よりも背が低く、体格もまだ 4、5 歳ぐらいの子どもの体で、顔は 20 歳頃の大人だった。

　会話をしてみると彼女の年齢は 18 歳で、体の成長が 5 歳で止まったということだった。母に聞くと、「ポリゴン」（Poligon ＝演習場）のせいでそうなっていると答えた。後に彼女が外国のお医者さんたちにも注目され、検診のために、アメリカをはじめいくつかの先進国を回ったものの、結局は病気の原因や治療方法は見つからなかったのだと話を聞いた。

父と母の村

　母はカラウル村で 1955 年に生まれ、後に隣のサルジャル村に引っ越し、そこで 15 歳まで生活を送った。どちらも最も大きく被ばくした村である。

　父は、セミパラチンスク州（当時）の核実験場から遠く離れたコクペクティ村出身で、この村は被ばくがなかったとされ、セミパラチンスクの被曝実態を調査する学者たちによって比較調査地域として扱われている。

　子どもの頃、夏休みをこれらの村にある母の実家と父の実家で過ごすことが多かった。よく覚えているのは、元気のないサルジャル村の雰囲気。この村には障害を持って生まれた子どもがほぼすべての家庭にいた。そして、住民の全員が何かしらの病気を持っていた。8 人の子どもを産んだ祖母はドイツ語の先生をしていて、若い時はとても積極的で、アルメニア、グルジアなどソ連の他の国々で開かれる学会に一人で参加して回っていた。

　彼女曰く、健康状態が次第に悪くなり、何回も流産を経験した。また、1953 年の水爆実験の翌年に生まれた長男を 1 年以内に、後に 15 歳の次男を原因不明の病気で亡くしている。祖母は今も高血圧症などの病気がひどく、入院することがとても多い。

　教科書をくれた祖父は、30 年も村の校長先生を務め、病気をしたことは一度もなかったが、急に倒れて数ヶ月のうちに食道癌で亡くなった。近年、母の妹の一人もやはり癌で亡くなった。母は高血圧症、心臓病にかかっている。

　カラウル村、サルジャル村がある地域は、昔のカザフ人にとって聖地のようなところであった。ロシアのプーシキン（A.S. Pushkin）やドストエフスキー（F.M. Dostoevski）の作品をカザフ語に訳しカザフの大地に広げた国民的詩人であり、かつ作曲家、作詞家、カザフ文学の創設者、哲学者でもある、アバイ・クナンバエフ（Abay Kunanbaev）がここに生まれ育ったのである（1845 ～ 1904）。

　アバイと言えばカザフ、カザフと言えばアバイであるほど、カザフ文学、カザフ国民における彼の貢献は計り知れない。彼以外にも、シャカリム・クダイベルディエフ（Shakarim Kudaiberdiev）、アウエゾフ（M. Auezov）など、カザフ文学の最初の柱とも言える人物たちがこの地域で

教科書をくれたサルジャル村の祖父と（1983年）

生まれた。

　アバイの寝まくらであったこの大地にソ連の核実験場が繰り広げられ、40年間という長きにわたって、空中・地上・地下核爆発によって散々痛めつけられてきたのである。また、ここで生まれ、才能に恵まれた人々の遺伝子は、何世代も先まで壊されてしまった。

　父のコクペクティ村の様子は全然違っていた。そこに住む従兄弟たちは日に焼けて、裸足で遊びまわる元気な子ばかりだった。この村で障害を持っている子どもを見たことはない。サルジャル村と対照的で、病気の話を聞くことはなかった。コクペクティに住む父方の祖母は、毎日朝の4時に起床し、家畜の世話、ミルク搾り、その日に食べるバターや生クリームを作り、土で作られた大きなオーブンでパンを焼いてから、庭の世話もしてご飯を作る、家事をする、洋服を自分で作るなど、健康的でとてもアクティブな女性であった。彼女は90歳を超えるまで長生きした。祖父は70代後半まで一度も病気をせず元気だったが、脳に腫瘍が見つかって亡くなった。

ポリゴンは悪いことばかりする怪獣

　セミパラチンスク核実験場のことをロシア語でСемипалатинский

ядерный испытательный полигон（セミパラチンスキ・ヤデルニー・イスピタテルニー・ポリゴン）と言う。現地の人は略して、最後の「ポリゴン（演習場）」という言葉だけを使うことがほとんどである。

　小さい頃からこのポリゴンという言葉をいつも耳にしながら育った。それは大体「病気の原因はポリゴンだ」、「ポリゴンのせいで健康を失った」、「ポリゴンに家族を奪われた」、「ポリゴンのせいで体が悪い」、「ポリゴンのせいで子どもが病気」、「ポリゴンのせいで高血圧症になった」、「ポリゴンのせいで環境が壊れた」、「ポリゴンのせいで家畜が死んだ」などのフレーズだった。隣のアパートに住む大好きだったロシア人のおばあちゃんも、自分の親も、親戚も、お医者さんも、歯医者さんも、大学や学校の先生も、みんながこのポリゴンに対し文句を言っていた。だから私の中では、ポリゴンは悪いことばかりする怪獣だった。

　もう少し大きくなった7、8歳頃には、母から「空に舞い上がる大きなキノコ雲をよく見つめていた」などの話を聞いて、ポリゴンというのは爆弾をはじめ戦争で使う武器が作られる場所で、そこからいつも毒ガスが出ていたため人々は病気になっていたというような理解で受け止めていた。

　ロシア語で放射線を意味する Радиация（ラデアツィア）という言葉もよく耳にするようになったが、原爆、核兵器、被ばくということの意味とその悪影響を理解するまでには、もう少し時間がかかった。

「ヒロシマ、ナガサキ、原爆」との出会い

　それが分かったのは、子ども向けの番組やアニメーションが今のように好きな時に好きなだけ見られるほど豊富ではなく、決まった時間にしか流れていなかった時代、ある日、初めてテレビで「はだしのゲン」のアニメを見た時だった。広島に原爆が投下された後に人々が体験したことを、そして一般の爆弾ではなく原爆だったからこそ、被爆した人々に皮膚が剥ける、髪が抜けるなどの異常が起き、白血病になるなど、恐ろしい形でその被害がずっと続くことを理解した。このアニメを兄弟で泣きながら見て、ものすごく大きな衝撃を受けた。頭の中に「ヒロシマ」、「ナガサキ」、「原爆」というキーワードが永遠に刻まれたのである。

«Я не хочу войны»

Я хочу, чтоб в целом мире
Затрубили журавли
И напомнить всем могли
О погибших в Хиросиме
И о девочке умершей,
Не хотевшей умирать
И журавликов умевшей
Из бумаги вырезать.
А журавликов-то малость
Сделать девочке осталось...
Для больной нелёгок труд,
Всё ей, бедненькой, казалось –
Журавли её спасут.
Журавли спасти не могут –
Это ясно даже мне.
Людям люди пусть помогут
Преградить пути войне.

ガムザトフ
「私は戦争があって欲しくない」

私は、全世界で鶴が鳴き、
広島で亡くなった人々のことをみんなに思い出させてほしい、
紙から鶴を折り、死にたくなくても亡くなってしまったあの少女のことを。
少女が折るべき鶴は残りわずか、
病人の彼女にとって簡単な作業ではない。
哀れな少女は自分が鶴に救われるように思った。
鶴は助けられない。
私でさえ分かっている。
戦争を起こさせないために人は人により助けられ合うべき。

（訳：筆者）

また、学校のロシア文学の授業で、ソ連の有名な詩人ラスル・ガムザトフ（Rasul Gamzatov）の「Зарема」（ザレマ）というポエムの抜粋である詩「Я не хочу войны」（私は戦争があって欲しくない）を読んだことで、佐々木禎子さんと千羽鶴の話を知り、平和への思いがより強くなり、広島への親近感が生まれた。

　ダゲスタン出身のガムザトフは、ソ連時代の1968年に広島を訪問した際、佐々木禎子さんと千羽鶴のエピソードを知り、モスクワに戻る飛行機の中で、外地で亡くなって母国に戻ることはなかった兵士たちの魂が鶴に生まれ変わるという内容の詩「Журавль」（鶴）を書き上げた。広島滞在中に、ダゲスタンにいた母の死を知らされたため、彼の鶴への思いは一層特別なものとなっていた。

　ガムザトフは後に、広島の被害と平和の祈りを伝える「Колокол Хиросимы」（広島の鐘）と、前述した「Зарема」（ザレマ）という詩をつくった。実はガムザトフは、作品をロシア語で書いたことが一度もなく、母語のアヴァル語で書いていた。彼の作品は、プロの文学翻訳者ナウム・グレブネフ（Naum Grebnev）によりロシア語に訳されている。

　「鶴」に曲がつけられると、1969年にソ連の有名な俳優、歌手であるマーク・ベルネス（Mark Bernes）により初めて歌われ、1970年代を代表するソ連のヒット曲の一つとなる。外地での戦いで恋人、息子、友人を失った人々にとっては国籍を問わず胸を打たれる歌詞とメロディーである。このように、ガムザトフの詩「私は戦争があって欲しくない」と「鶴」は大変高く評価され、セミパラチンスクの草原で核爆発が毎日のように続いていた1970年代後半より、ソ連の義務教育プログラムとしてロシア文学の教科書に載せられた。

　ヒロシマとナガサキのことを知ったあと、私の頭の中でサルジャル村の思い出など多くの細かいエピソードがパズルのように一つの絵となり、原爆の意味と恐ろしい被ばく被害を理解した。そして、その原爆が実験されていた場所は自分のすぐ近くに存在していたことを意識した。

　かと言ってそれ以来、毎日核実験場のことを考えて生活を送っていたわけでもなく、充実した楽しい学校生活を送っていたけれども、現在のロシ

アの核実験場「ノヴァヤゼムリャ」のように誰も住んでいない土地が大国ソ連の中にはたくさん存在したのに、どうして私のセミパラチンスクが核実験場として選ばれ、罪のない多くの人々が犠牲にならなければいけなかったのかとの疑問と怒りと情けない気持ちが常に胸の中にあった。

4. 広島での高校時代

「ヒロシマ・セミパラチンスク・プロジェクト」による留学生募集

　2000年の春にセミパラチンスク市役所教育部の特別許可を得て、予定より3ヶ月早く学校を卒業し、広島の廿日市市にある山陽女学園高校に1年間留学をした。日本に留学できるなんて、当時15歳だった私にとって夢のような話だった。父親が現地の新聞に載っていた広島への女子留学生募集の広告を読んで、私に選考会に参加してみるように勧めてくれた。

　実は1997年に、日本政府の援助によってセミパラチンスク市を流れるイルティッシュ川に架かる大橋の建設が始まり、日本が誇る石川島播磨重工業（現・IHI）と片平エンジニアリング社の共同事業として、新設橋は2000年11月に開通し、プロジェクト全体が2004年に完成した。このようなことから、当時日本はセミパラチンスク住民にとって身近な存在となっていた。

　小学校の担任の先生が蒔いた種が実り、高校生になっても私は優等生で、生徒会長として活躍し、歌が好きで、カザフの伝統をよく知っていた。セミパラチンスク市内で開催されていたいくつかのコンクールで優勝し、それなりの自信を持っていた。選考会では面談を受け、歌を披露し、セミパラチンスク核実験場やヒロシマについて自分が知っていることをアピー

日本政府の援助でつくられた橋（セミパラチンスク市）

ルした結果、私ともう一人の女の子アミーナが選ばれ、翌年の４月から広島に行くことが決まった。

この選考会は広島の市民団体「ヒロシマ・セミパラチンスク・プロジェクトと当時のセミパラチンスク市医学アカデミー副学長ウラザリン（M. Urazalin）教授によって開催されたもので、私はその日に初めて日本の方にお会いし、カザフ人と日本人は顔がとても似ているので親近感を抱き、振る舞いと仕草だけが違うなという印象を受けたのをよく覚えている。

広島への留学が決まってから、片平エンジニアリング社の現地責任者の山城先生が私の最初の日本語の先生となり、留学に備えて、ひらがな、カタカナなど日本語の基礎を週１回の授業を通じて教えていただいた。山城先生と石川島播磨重工業の現地責任者だった松沢さんは、広島に行くまでの９ヶ月間の間、受け入れ側の「ヒロシマ・セミパラチンスク・プロジェクト」と私たちの間の架け橋となってくださり、様々なサポートをしてくださった。

「ヒロシマ・セミパラチンスク・プロジェクト」は、1994 年の広島アジア競技大会で市内の各公民館が取り組んだ「一館一国運動」をきっかけに、1998 年に設立され、1999 年からセミパラチンスク核実験場周辺地域の医療機関に医薬品やエコーなど検診機器の贈呈、市民訪問団、医療専門家の派遣等を行ない、現地の医療水準向上に大きく寄与し続けている。

また、広島をはじめ、日本の高校生・大学生のセミパラチンスクへのスタディー・ツアーを継続的に実施しており、これによって「ヒバク」という共通の歴史を持つ両都市の若者の交流と知識交換が可能になった。スタディー・ツアーは核実験場周辺村の訪問も欠かさず、セミパラチンスク市内だけではなく、被ばくしている村々の住民にとっても、ヒロシマがより近い存在となったと言えるだろう。特に、外国からの医師団体による支援やジャーナリストによる取材などを多く受けて来た人々にとって、このような市民レベルでのシンプルな交流が新しい風となったのは間違いない。

また、当市民団体と山陽女学園は、セミパラチンスク市に対し、私が第１期生の一人となった留学生受け入れ支援を 2000 年から現在までの 18 年間に渡り毎年行なってきている。山陽女学園の石田校長が広島原爆資料

館でセミパラチンスク核実験場の写真展を見て衝撃を受けたことが、無償で留学生を受け入れるきっかけだったそうだ。今年までカザフスタンから計25人の女子学生を受け入れてきた。

交換留学生にとって、留学の目標は、日本語を覚えること、日本文化を体験すること、平和学習、ヒロシマを知ること、セミパラチンスクの被害や歴史を伝えること、歌や踊り、音楽を通じてカザフの伝統を紹介すること……など、小さな平和メッセンジャーのような役割を担いつつ多くの知識を学ぶことである。この留学を終え

広島での留学時代

た子は世界平和の大切さ、核廃絶の必要性、国際交流、日本語、日本文化といったテーマに無関心でいられないため、ヒロシマとセミパラチンスク、日本とカザフスタンの間の架け橋になることのできる25人の平和外交官が育てられてきたとも言えるだろう。

「ヒロシマ・セミパラチンスク・プロジェクト」が続けてきたこのような留学外交や平和学習外交は、国家レベルでの外交の手では届かないところまで行きわたり、平和活動を次世代へと確実に継続している。今年2018年に結成20周年を祝うこの団体は100人以上の会員を持ち、2000年に広島国際文化財団より国際交流奨励賞を、2002年に第4回広島ユネスコ協会活動奨励賞を受賞している。

他にも、2006年には平岡敬名誉会長にカザフスタン共和国から「友情勲章」が授与され、2014年に佐々木桂一世話人代表、小畑知恵子副代表がセメイ医科大学名誉教授に任命された。2015年1月には山陽女学園と共にセメイ医学大学から、2016年にはセメイ市長から感謝状が贈られた。

広島での生活

　日本に行くまで、私は親のところを離れることはなかった。兄によるしつけも厳しく、一人で行けるのは学校と自宅のすぐ近くにあったスーパーだけだった。旧首都アルマティなど、セミパラチンスク以外の都市へ遊びに行ったことが何度かあったが、いつも家族と一緒だった。そのように育った私がいきなり日本に行くことは、家族にとっても、親戚にとっても不安で、かつ不思議なことだった。

　当時はカザフスタンの経済が良くなく、毎日仕事へ行っても何ヶ月も給料が支払われないこともあった。親の収入だけでは広島往復の航空券が買えず、留学を諦めようと考えたこともあった。しかし、親は諦めなかった。セミパラチンスク市内の大きな会社などを周り、航空券が買えるだけの金額を投資するようスポンサーを探し、結局は多くの方々の協力を得て広島への往復航空券を手にすることができた。クラスメートの全員がセミパラチンスクの駅まで見送りに来てくれた。その後家族と旧首都アルマティまで汽車で行き、そこから私と一緒に選ばれた子と二人でようやく日本に飛び立った。

　広島に到着した時から全く新しい人生が待っていた。「ヒロシマ・セミパラチスク・プロジェクト」の皆さんと山陽女学園の先生が大きなカザフスタンの旗を広げて空港で迎えてくれた。マスコミにも取材されて現地のテレビにも出た。正直、このような迎えを想像していなかったので、感動したが、自分がすごく真面目なことのために来ているのだと感じさせられ、緊張もした。

　広島に着いた最初の日から１年後の帰国まで、私たちの滞在、スケジュールなどすべてが「ヒロセミプロジェクト」と学校側によってマネジメントされ、多くの方々に見守られて生活を送った。ホームシックで泣いた時ももちろんたくさんあったが、平岡敬名誉会長（元広島市長）、小畠知恵子副代表、故下崎末満さん（当時・代表世話人）、川崎さんご夫婦、医療通訳の山田英雄先生、星正治先生（広島大学原爆放射線医科学研究所名誉教授）、栗栖さん、森下さん、佐々木桂一さん（現・世話人代表）、武市宣雄先生（武市クリニック院長、広島大学非常勤講師）、黒川副代表、

橋本さん、生け花の香川先生など、多くの方々が日本の家族のようになってくださり、私も彼らに強く懐いた。

また、山陽女学園では、石田校長先生、畑谷先生、音楽の田中先生、担任の中尾先生などからもいつもサポートされて、日本語を覚えて、学校に馴染んでいった。学校では寮生活を送っていたが、土日や夏休みなどは皆さんのご自宅でのホームステイを通じて、日本の家庭のあり方や文化をもっとよく知ることができた。当時、カザフスタンから来た私たち以外に、ニュージーランド、韓国、オーストラリア、ドイツからの留学生もいたので、彼女たちとの交流もとても楽しく、いまでも連絡を取り合っている。

当時は、カザフスタンの経済が弱く、私は先進国である日本とソ連崩壊後独立してから 10 年しか経っていなかった母国の間の格差を強く感じたけれども、両都市の市民の核廃絶への思いは全く一緒だった。平和資料館に何度も行ったり、被爆者の体験を聞いたりなど、ヒロシマが受けた被害をじっくりと勉強することができ、広島の市民が持つ平和への特別な思いを心で理解することができた。

そして、私の故郷、セミパラチンスクのために遠く離れている日本でこれだけ多くの人々が一生懸命頑張っていることに何度も、何度も感動させられた。

毎年広島で行なわれるフラワーフェスティバルや 8 月 6 日平和公園河岸でのコンサートをはじめ、多くのステージでカザフ語、日本語の歌を歌い、少しでも自分の伝統を紹介することができた。また、広島にいながら、カザフスタンから学会のため来日されていたカザフスタン国立セメイ医科大学のチャイジュヌソワ（N. Chaizhunusova）教授、国立原子力センター放射能安全研究所のプティーツカヤ（L. Ptickaya）教授など多くの専門家ともお知り合いになるなど、幅広い人的交流を通じて 1 年間で 3 年分の成長をしたかのように感じた。

広島での 1 年間の留学は将来への大きな「トランポリン」となった。

セミパラチンスク核実験の研究を始めるまで

2001 年の春の帰国時、広島の TV 関係者と共に核実験場周辺の村々を

訪れ、被ばく証言を聞き取る通訳を務めた。

　同年夏には第4次医療支援訪問団と若者スタディー・ツアーの通訳を務めた。2002年の第5次医療支援とスタディー・ツアーにて、川野徳幸・原医研助手（現・広島大学平和科学研究センター長・教授）による初めてのセミパラチンスク被ばく者を対象とした「ヒバク調査」が開始された。この調査は以来、毎年行なわれ、現在も続いている。元留学生たちは実験場周辺の村々に同行して聞き取りの通訳をしたり、求めに応じて翻訳の手助けを行なっている。

　私は被ばく証言のカザフ語翻訳等の担当として、2003年、川野先生の要請により再来日をした。この時の証言の聴き取りや、その後の翻訳作業に関わったことが、のちに研究テーマを決める動機となった。

　カザフスタンで大学に進学し国際関係の勉強を始めた私は、日本語を使ういくつかのアルバイトをしながら、日本語の勉強も続け、日本語能力試験1級にパスした。5年ほど在カザフスタン日本大使館で現地職員として勤めた後に、日本文部科学省の外国人研究生プログラムに合格し、2008年4月から一橋大学の留学生となった。留学先の大学を決める際に、一橋大学の加藤哲郎教授（現・同名誉教授）の運営するインターネットサイト「ネチズンカレッジ」に出会い、連絡を取ったところ、私を受け入れ、指導教員になってくださった。彼に勧められ、修士論文としてセミパラチンスク核実験場のことを書くことに決めた。加藤哲郎教授が定年退職されたため、同大学社会学研究科の落合一泰教授（現・明星大学）のご指導の下で修士論文を提出することができた。

　本書は2013年1月に提出した修士論文を基に、修正を加えたものである。

5．本書の目的

「正史」から外された人々の経験を聞く

　ヒロシマとナガサキの場合、これまでに多数の被爆証言が公表され、記録されてきた。これに対して、セミパラチンスク核実験場における被ばく

者による証言、ライフヒストリー研究は、旧ソ連時代は言うまでもなく、カザフスタン独立後も、ほとんど行なわれてきていない。

その中でも、本書で「正史」と定義するのは、カザフスタン共和国、ロシア連邦をはじめ、各国で正式に認められているカザフ語、ロシア語、英語、日本語の論文、文献、法律などの公文資料である。また、カザフスタン共和国の中・高校生用の教科書も正史とする。

たとえば、カザフスタン共和国現大統領であるナザルバエフ（N.A. Nazarbayev）や、独立直後に外務大臣、首相を務めた政治家トカエフ（K.K. Tokayev）などが書いたセミパラチンスク史は、核実験場に関する多くの知られざる事実を明らかにした重要な文献である。そこでは、ロシアの文献にはない事実が数多く読み取れる。しかし、それは建国者たちが清書した「正史」であることも否定できない。旧セミパラチンスク州共産党委員会第一書記を務めたボズタエフ（K.B. Boztaev）の記した多くの書籍はセミパラチンスク核実験場で起こった事実を、そして被ばくした住民の生の声を紹介した初めての文献である。しかし、それは研究ではなく、彼が自身の経験を本にしたものである。

すでに存在する「正史」や公刊資料を否定することはできない。しかし、経験と記憶にもとづき真実を証言する一般の人々の声がそのような「正史」から聞こえてこないのも事実である。その声を聞き取り、記録するという方法を通じて「正史」を相対化したいというのが、本書の問題意識である。政治的な解放と人々の心の解放には時間のずれがある。今こそ聞くことのできる「語り」を通じた歴史があると考えられるだろう。

本書では、住民の言葉と「正史」を照らし合わせ、これまで知られてきたセミパラチンスク核実験場の歴史の再構成を試みる足場とし、核実験地に住むとはどのようなことであるのかについて考察をしたい。

本書の目的は、セミパラチンスク核実験場の歴史とその被害が公刊資料にいかに記載されているかを考証し、住民へのインタビュー調査にもとづき、「正史」に載ることができなかった住民の証言を聞き取り、「語り」を通じた歴史を明らかにすることにある。セミパラチンスク核実験場の実態を多面的に理解することで、最終的には、長期にわたり危険な核実験地の

傍らで生きていくということはどういうことなのかを考えたい。

　すなわち、セミパラチンスクの人々にとって被ばく体験とは一体何だったのか、生活の中にどのように位置付けられてきたのかという問いに一定の答えを与えることが本書の最終的な目的である。

　上記の目標を達成するために、以下の課題に取り組む。

　【第一の課題】「正史」から外された人々の経験・記憶に基づいて、核実験地に住む人々の恐怖、生活の変化、心と体の悩みなどの経験を探究し、それを文字で再現することを試みる。これによって、核実験が住民の人生にどのように影響し、どのような変化を起こしたのかを明らかにする。

　【第二の課題】カザフスタン、ロシアなどの一般公開されている公式資料からセミパラチンスク核実験場の歴史、住民と環境にもたらした被害、独立後のカザフスタンがとった反核政策について読み取り、本書の第2部として記述する。

　【第三の課題】多くの証言が言及する現象、出来事、事象、状況などの相互関連を探り、住民の証言と「正史」をつなぐことで、セミパラチンスク核実験場の全体像に接近することを試みる。

従来研究とのスタンスの違い

　広島大学原爆放射線医科学研究所は、1994年以降セミパラチンスク核実験場近郊の被ばくの実相解明を研究のテーマの一つとしている。星正治教授を代表とする研究グループは、セミパラチンスク市を中心とする広い範囲において、核実験場近郊での線量評価、住民の甲状腺の検診、血液中のリンパ球の染色体異常などの調査研究を行ない、23年間の実績を積んできた。その結果、放射線が住民の健康に悪影響を与えていることを学術的に証明している[5]。さらに同研究グループはその調査過程において、放射線障害が原因と考えられる健康不良を訴える多くの被ばく者と接し、被ば

5　星正治（2001）、『セミパラチンスク核実験場近郊住民の被曝線量推定方法の確立と健康影響研究』、平成11－12年度科学研究費補助金（基盤研究（Ａ）（２））研究成果報告書。

く体験に関わる重要な証言を聞く機会を得ることになった。

そこで、広島大学平和科学研究センターの川野徳幸教授を代表とする研究グループは、セミパラチンスク核実験場近郊住民を対象としたアンケートによる被ばく実態調査の必要性を実感し、2002年より被ばく実態に関するアンケート調査と聞き取り調査を開始した。川野らは、2002年以来、大量のデータを蓄積してきた[6]。これは、筆者にとって重要な先行研究である。

川野らと筆者の研究の違いは、問題関心と研究方法にある。川野らの調査の目的は、核実験による被害の実態を明らかにすることであるが、筆者による研究の目的は、核実験場周辺に住む人々の証言に基づいて、セミパラチンスク核実験場について「語り継がれる歴史」を明らかにすることである。つまり、どのような被害があったのではなく、その時期を人々がどのように生きたのかが筆者の問題関心である。

また、調査方法として、本書ではインタビュー調査のみを手段としている一方で、川野らのグループは聞き取り調査の他、アンケート調査も行なっている。しかしながら、川野のグループが外国人として通訳を介し住民に接していたのに対して、筆者は現地住民と同じくカザフスタン人の一人として、通訳を介さずに母語であるカザフ語やロシア語を通じて住民に接することができた。また、筆者が女性であることは、現地の女性たちがデリケートな話題も自由に話せるために大きな役割を果たした。

これが本書のオリジナリティであるとも言える。

本書の意義──全世界で放射能被害の理解を

本書は、筆者にとって研究の第一歩に過ぎないが、以下の意義を認めることができよう。

6　川野徳幸、平林今日子ら（2003）、「セミパラチンスク核実験場近郊被爆証言の日本語版全文データベース化」、広島平和科学25：31－51。
　　川野徳幸（2006）、「カザフスタン共和国セミパラチンスクにおける核被害解明の試み：アンケート調査を通して」、広島大学平和科学研究センター IPSHU 研究報告 No.36

第一に、「正史」の中の被ばくと住民の証言の中の被ばくを比較し、それらをつなぐことで、セミパラチンスク核実験場の歴史を新しい視点から見ることが可能になる。

　第二に、本研究は、他の核実験地で被ばくした住民の研究にも適用可能であると考えられる。

　第三に、収集した証言は、被ばくの人間に与える被害を理解する重要なデータであるとともに、被ばくの体験を後世に残す重要な手段である。

　第四に、「正史」に頼るだけでなく住民の証言から危険施設近傍での生活を理解することは、長期的には福島第 1 原発事故後の地域住民の不安のケアに関する議論にも、実際的かつ有益な示唆を与えることだろう。

　また、本書では、場所はどこであっても核実験は絶対にあってはならない恐ろしいものであるという事実に対して、もう一度社会の注目を寄せ、セミパラチンスク核実験場の閉鎖のための運動における社会と個人の役割を示したい。

　核実験と原子力発電所の安全性に関わる問題は今日も未解決である。チェルノブイリ原子力発電所と、最先端の技術とイノベーションの実績を誇る日本の福島第 1 原子力発電所での事故の被害はそれを証明している。被ばく国である日本とカザフスタンの国民のみならず、全世界の人々、特に次世代を担う若者が、放射能の恐ろしい被害をよく理解しなければならない。

　本書はこの問題に関する今までの文献やこれから書かれる文献の中で小さな一部に過ぎず、全体の真実を把握する総括的なものとは言えない。しかし、少なくともセミパラチンスクの被害者たちの目を通して、放射能の影響の下で長期的に生活をする住民の気持ちに接近しえたものであると言えよう。

　筆者は、本書が読者にとって有意義なものになることを期待する。

第 1 部

セミパラチンスクでのフィールドワークから

第1章　セミパラチンスクにおけるソ連の核実験 (1949 ～ 89 年)

1．ソ連初の原子爆弾

ソ連による核実験の成功

　第2次世界大戦中、「マンハッタン計画」の責任者でロスアラモス国立研究所所長のロバート・オッペンハイマー博士、1939 年にイタリアからアメリカに亡命したエンリコ・フェルミ博士、さらにニールス・ボーア博士らは、原爆製造情報を当時のソ連スパイに対して秘密裏に提供していた。それは、原子力の秘密情報を米ソが共有することで力のバランスをつくり上げ、核戦争を回避するためである。

　このようにして、ヒロシマ、ナガサキに原爆が投下される以前の 1945 年初めに、ソ連はアメリカの原爆設計図を入手しており、この設計図がソ連製原爆の基礎となった。ソ連は 1949 年に最初の原爆爆発実験に成功した。

　1949 年のソ連初の核爆発は、8 月 29 日の午前 7 時に実施された。この最初の原子爆弾は、出力 22 キロトンのプルトニウム爆弾（ナガサキに落とされた原爆、ファットマンのコピー）で、地上 30 メートルの鉄塔の上で行なわれた。当時の風速は時速 60 キロメートルで、巻き上げられた土塵に吸着した放射性核種を含む放射性雲は、風下に当たる周辺の住民に被ばくをもたらした。放射性の雲が、実験場の外にある地域だけではなく、ロシアのアルタイ地方まで広がった。収穫の時期を迎えて、多くの人が野外で被ばくした[1]。

1　Ядерные испытания СССР- том 1, Саров 1997, стр.171-205.
　星正治（2001）、『セミパラチンスク核実験場近郊住民の被曝線量推定方法の確立と健康影響研究』、平成 11 － 12 年度科学研究費補助金（基盤研究（A）（2））研究成果報告書。

冷戦下の核軍拡競争──セミパラチンスク核実験場での核実験

ソ連による核実験の成功によって、アメリカの核兵器の独占は終わり、両国の間で冷戦の深刻化にともない激しい核軍拡競争が開始されることとなった。

ソ連は 1949 年 8 月 29 日から 1990 年 10 月 24 日まで、計 715 回の核実験を行なった。この実験回数は世界の核実験場の中でネバダの 928 回に次いで 2 番目に多いが、影響を受けた人数は 100 万人以上で、ネバダの約 1 万 3200 人とされる人数に比べて圧倒

ソ連初の核実験
出所：Музей ядерного оружия РФЯЦ-ВНИИЭФ（ロシア連邦原子力センター・ロシア技術物理科学研究所博物館）

的に多い。715 回のうち 456 回が、カザフスタンのセミパラチンスク核実験場で実施された[2]。

カザフスタンで行なわれたすべての核実験のエネルギー総量は 17 万 420 キロトンに達する。ヒロシマに投下された原爆が 16 キロトン、ナガサキに投下された原爆が 22 キロトンであるから、これはヒロシマ型原爆

図表 1　旧ソ連の核実験と平和目的核爆発の地域別回数

カザフスタン	489
うちセミパラチンスク核実験場	456
ロシア	221
うちノヴァヤゼムリャ核実験場	130
ウクライナ	2
ウズベキスタン	2
トルクメニスタン	1
合計	715

出所：Mikhailov（1997）

2　В.Н. Михайлов Ядерные испытания СССР, Том 1, Саров, ВНИИЭФ 1997г.

の 1100 発分、ナガサキ型原爆の 750 発分に相当する[3]。

核実験の回数には諸説ある

　セミパラチンスク核実験場に関連する情報が長年に渡って秘密にされていたため、現在のセミパラチンスク核実験場の「正史」についての情報の違いがよく見られる。例えば、核実験回数については諸説存在する。

　ロシア連邦科学アカデミー会員であり、1992 年から 1998 年までロシア連邦原子力エネルギー省[4]大臣を務め、セミパラチンスク核実験場とノヴァヤゼムリャ（Новая Земля）核実験場[5]で合計 10 年近く仕事をし、100 回以上の核実験の指導を行なったミハイロフ（V. Mikhailov）博士[6]によれば地上実験 30 回、空中実験 86 回、地下実験 340 回の合計 456 回の実験が行なわれた。ナザルバエフ大統領も 456 回と報告しているが、ミハイロフと異なり地上と空中実験の回数を 116 回、地下実験の回

3　川野徳幸 (2006)『カザフスタン共和国セミパラチンスクにおける核被害解明の試み：アンケート調査を通して』、IPSHU 研究報告シリーズ No.36

4　2004 年からロシア連邦原子力エネルギー庁（POCATOM）に改名。（ロシア連邦原子力エネルギー庁公式ホームページより）。

5　ノヴァヤゼムリャは北極海に浮かぶ列島で、バレンツ海とカラ海を分け、ヨーロッパの最北東端に位置する。ロシア連邦アルハンゲルスク州に属し、1954 年 9 月 17 日からソ連の核実験場として使用されることが決定される。1955 年から 1990 年まで水中、空中、地下核実験が行なわれている。セミパラチンスクで起きたネバダ・セミパラチンスクの強い影響があって、グリーンピースなどの環境保護団体によって同地域での反核実験運動が起こり 1990 年 10 月の核実験が最後の実験になった。しかし、1998 年からロシア連邦原子エネルギー省により臨界前核実験用に使用される。ノヴァヤゼムリャにける核実験場建設 50 周年に、ロシア連邦原子力エネルギー庁総裁ルミャンセフは、実験場を開発し正常状態を維持していくことを発表した。また、ロシアは同地域で核実験を行なわないが、核兵器の信頼性、即応性、保存安全性を確保するために非核実験を実施することを強調した。（Центральный полигон России と POCATOM の公式ホームページより）。

6　Mikhailov, V.N. (1996), Nuclear weapons tests and peaceful nuclear explosions in the USSR 1949-1990, Ministry of the Russian Federation on Atomic Energy and Ministry of Defence of the Russian Federation, Moscow; В.Н. Михайлов Ядерные испытания СССР, Том 1, Саров, ВНИИЭФ 1997г.

数を 340 回と記述している[7]。旧セミパラチンスク州の第一書記ボズタエフ（1992, 1998, 2006）[8]は地上 28 回、空中 138 回、地下 343 回の合計 509 回を、カザフスタンの環境学者ティレウベルゲノフ（S. Tleubergenov）[9]と旧カザフ・ソビエト社会主義共和国、国民代表議員、反核実験運動ジョタバエフ（N. Zhotabayev）[10]は地上 26 回、空中 99 回、地下 343 回の合計 468 回を、そしてロシアの学者ブラトフ（V. Bulatov）[11]は地上 26 回、空中 87 回、地下 357 回の合計 470 回と指摘している。

　カザフスタン共和国現大統領、カザフスタン共和国・国立原子力センター、ロシア連邦防衛省とロシア連邦原子力エネルギー庁が合計を 456 回と発表している[12]ことから、ミハイロフ説の 456 回がカザフスタンとロシアでは正式な数字として最もよく用いられていると言える。以上の理由から、筆者は本書で 456 回という数値を正式数値として用いる。

　また、現在の被害者の人数についても上記の実験回数と同じく、統計によって大きな差が存在する。ジョタバエフ（2011）によると、核実験の影響で被害を受けたと正式に認められた人数は 132 万 3000 人であるが、その内、被害者証明証を支給されたのは 105 万 7000 人である[13]。

7　Н.А. Назарбаев. Эпицентр мира, Атамура 2003.

8　К.Б. Бозтаев Семипалатинский полигон, Атамура 1992; К.Б. Бозтаев 29 августа, Атамура, 1998; К.Б. Бозтаев Человек и Атом, Алаш 2006.

9　С.Т. Тлеубергенов Полигоны Казахстана, Гылым 1997.

10　Н.Р. Жотабаев Долгое эхо ядерных испытаний, 2011.

11　В.И. Булатов Россия Радиоактивная, Церис 1996.

12　Қазақстан Республикасы Ұлттык Қауіпсіздік және экология институты, Семей сынак полигоны: қазіргі ахуалы, Курчатов 2008.; Тухватулин Ш.Т., Такибаев Ж.С. Национальный Ядерный центр РК: военное наследие и мирное развитие // Доклад на международной конференции «XXI век – навстречу миру, свободному от ядерного оружия» - 2001.- С.11-12.
Министерство Российской Федерации по атомной энергий, Министерство обороны Российской Федераций. Испытания ядерного оружия и ядерные взрывы в мирных целях СССР 1949-1990гг., Саров 1996.

13　Н.Р. Жотабаев Долгое эхо ядерных испытаний, 2011.

　ボズタエフは 1998 年に、被害者は 150 万人以上だという数字をあげている [14]。被害者数には他にも諸説存在するが、筆者は、被ばくした住民のリハビリ及び医学的研究を行なっているカザフスタン保健省付属セミパラチンスク市放射能医学環境研究所とセミパラチンスク市医学アカデミーへのインタビューで得た情報を基に、約 120 万人以上という数字を用いる。

2．40 年間にわたる空中、地上、地下核実験

第 I 期　大気圏核実験（1949 ～ 1962 年）

　セミパラチンスク核実験場で行なわれた核実験を、おおよそ下記の通り二つの時期に分けることができる。

　第 I 期は、1949 年から 1962 年までの大気圏核実験が行なわれた時期である。

　第 II 期は、1963 年から 1990 年までの、部分的核実験禁止条約により、地下実験のみ実施された時期である。

　ミハイロフによると、セミパラチンスク核実験場での 456 回の核実験のうち 38 回が国民経済（技術・工業利用）のため、または国民経済の目的での核兵器の開発のためであって、残りの 418 回が軍事的目的の核実験であった [15]。

　1949 年から 1962 年の間、116 回の大気圏、2 回の地下核実験が行なわれ、大気圏核実験のうち、30 回は地上爆発、86 回は空中爆発であった [16]。

　1949 年の最初の実験から 2 年後の 1951 年 9 月 24 日に 2 回目の核実験が実施された。これもプルトニウム型原爆であった。

　次の実験は、その 1 ヶ月後、10 月 18 日に行なわれた。プルトニウムとウラン 235 の混合により核分裂の効果を高めたもので、Tu-4 爆撃機から

14　Бозтаев К.Б. 29 августа, Атамура 1998.

15　В.Н. Михайлов Ядерные испытания СССР, Том 2, Саров, ВНИИЭФ 1997г.

16　В.Н. Михайлов Ядерные испытания СССР, Том 1, Саров, ВНИИЭФ 1997г.

図表 2　1962 年までの核実験年表と回数

年	回数	地上	空中	地下
1949	1	1		
1951	2	1	1	
1953	5	1	4	
1954	9	3	6	
1955	5	3	2	
1956	8	3	5	
1957	11		11	
1958	8		8	
1961	28	6	22	1
1962	40	12	27	1
合計	118	30	86	

出所：В.Н. Михайлов Ядерные испытания СССР, Том 1, 1997г. より筆者作成

投下された実験であった[17]。1949 年当時、ソ連はウラン、プルトニウム生産能力が低く、一発の原爆用プルトニウムを作るのにおよそ 4 ヶ月程度の日数を要した。そのため、プルトニウム製造を行なう秘密工場チェリャビンスク 40（Челябинск-40）で大増産が開始され、1953 年以降の連続核実験に繋がることとなる。また、理論部門を中心に水素爆弾の研究も急速に進んできた。

1953 年 8 月 12 日の地上核実験では、400 キロトンの熱核反応を利用する重水素化リチウム爆弾が爆破した。その際、実験場周辺のアバイ地区（Abai）とアブラリ地区の住民が一度だけ一時的に避難させられた。続いて、8 月末から 9 月初旬にかけて 4 回の核実験が行なわれた。その威力は大小さまざまであった。

1954 年 9 月末から 10 月末までに地上 3 回、空中 6 回の実験が行なわれた。同様に 1955 年の 7 月から 11 月まで地上 3 回、空中 2 回の実験が続いた。

これらの実験は、8 月から 10 月の間に行なわれることが多かった。そ

17　В.Н. Михайлов Ядерные испытания СССР, Том 1, Саров, ВНИИЭФ 1997г., стр.89-171.

れは、北風が強まる時期を選んだためだと考えられる。

　1955 年 11 月 22 日の実験は、ソ連最初の 2 段階熱核爆発、使用されたのはウラン 235、ウラン 233、ウラン 238、重水素化リチウムの水素爆弾であった。しかも、それらは航空機から投下され、1.6 メガトンの爆発を起こし、セミパラチンスク核実験では最大のものとなった[18]。その後 1956 年 3 月に 2 発の小さい実験が行なわれた。

　そして実験はさらに新しい段階を迎える。それは 1956 年 8 月から 1958 年 3 月までに行なわれた実験である。この期間に、150 ～ 1500 キロトン以上の水爆の実験がされた。ノヴァヤゼムリャでは 6 回、セミパラチンスクでは 5 回以上が行なわれた。ノヴァヤゼムリャでは潜水艦攻撃の実験が行なわれ、セミパラチンスクでは、地対地ミサイルや地対空ミサイルへの応用実験が実施されるなど[19]、ティレウベルゲノフによれば 1958 年の 3 月 22 日まで 14 回という多数の実験が行なわれた。

　その後、フルシチョフは一方的な核実験停止を宣言し、1958 年 3 月 31 日から 9 月 30 日まで実験は停止した。この宣言は、アメリカとイギリスを刺激することとなった。米英は、ソ連が十分な実験を完了してしまったと見なしたからである（Tleubergenov 1997）。

　アメリカは、ビキニ、エニュウェトク、南太平洋、ネバダで作戦を始め、結局 1958 年の大気圏実験は、アメリカ 62 回、イギリス 5 回、そしてソ連 35 回を数えることとなった。1959 年、1960 年、1961 年の前半まで、アメリカ、イギリス、ソ連ともに実験を中止した。

　1961 年 9 月 1 日からソ連が大気圏核実験を再開した。セミパラチンスクでは 9 月に 16 回、10 月に 7 回、11 月に 5 回の実験が実施された。1961 年 10 月 11 日にはデゲレン山で最初の地下核実験が行なわれた。

　1962 年に大気圏核実験の最後の年がやってきた。ミハイロフの情報

---

[18]　В.Н. Михайлов Ядерные испытания СССР, Том 1, Саров, ВНИИЭФ 1997г., стр.205-231.

[19]　Ядерные испытания СССР- том 1, Саров 1997, стр.89-171.
　NHK 取材班（1994）、『旧ソ連戦慄の核実験』、NHK 出版。

図表3　セミパラチンスク核実験場での地上核実験の年表と詳細

No.	年月日	目的	威力 kt
1	1949.08.29	開発	22
2	1951.09.24	開発	38
3	1953.08.12	開発	400
4	1954.10.05	開発	4
5	1954.10.19	開発	0.001 初の起爆失敗
6	1954.10.30	開発	10
7	1955.07.29	開発	1.3
8	1955.08.02	開発	12
9	1955.08.05	開発	1.2
10	1956.03.16	開発	14
11	1956.03.25	開発	5.5
12	1956.08.24	開発	27
13	1961.09.09	緊急	0.38
14	1961.09.14	開発	0.4
15	1961.09.18	緊急	0.004
16	1961.09.19	緊急	0.003
17	1961.11.03	緊急	0.001
18	1961.11.04	開発	0.2
19	1962.08.07	開発	9.9
20	1962.09.22	緊急	0.21
21	1962.09.25	開発	7
22	1962.10.30	開発	1.2
23	1962.11.05	影響	0.4
24	1962.11.11	開発	0.1
25	1962.11.13	開発	0.001 起爆失敗
26	1962.11.24	緊急	0.001 起爆失敗
27	1962.11.26	緊急	0.031
28	1962.12.23	緊急	0.001 起爆失敗
29	1962.12.24	緊急	0.007
30	1962.12.24	緊急	0.028
合計	30 回		

注：目的のうち「開発」は核兵器の開発を、「緊急」は緊急時用実験を、「影響」は核爆発の影響実験を意味する。
出所：В.Н. Михайлов Ядерные испытания СССР, Том 1, 1997г. より筆者作成

図表4　空中核実験年表と詳細

No.	年月日	目的	威力 kt	No.	年月日	目的	威力 kt
1	1951.10.18	開発	42	45	1961.09.17	開発	20-150
2	1953.08.23	開発	23	46	1961.09.18	開発	0.75
3	1953.09.03	開発	5.8	47	1961.09.20	開発	4.8
4	1953.09.08	開発	1.6	48	1961.09.21	開発	0.80
5	1953.09.10	開発	4.9	49	1961.09.26	開発	1.2
6	1954.09.29	開発	0.2	50	1961.10.01	開発	3
7	1954.10.01	開発	0.03	51	1961.10.04	開発	13
8	1954.10.03	開発	2	52	1961.10.12	開発	15
9	1954.10.08	開発	0.08	53	1961.10.17	開発	6.6
10	1954.10.23	開発	62	54	1961.10.19	開発	0.001-20
11	1954.10.26	開発	2.8	55	1961.10.25	影響	0.50
12	1955.11.06	開発	250	56	1961.10.30	開発	0.09
13	1955.11.22	開発	1600	57	1961.11.01	開発	2.7
14	1956.08.30	開発	900	58	1961.11.02	開発	0.6
15	1956.09.02	開発	51	59	1961.11.03	開発	0.9
16	1956.09.10	開発	38	60	1962.08.01	開発	2.4
17	1956.11.17	開発	900	61	1962.08.03	開発	1.6
18	1956.12.14	開発	40	62	1962.08.04	開発	3.8
19	1957.03.08	開発	19	63	1962.08.18	開発	7.4
20	1957.04.03	開発	42	64	1962.08.18	開発	5.8
21	1957.04.06	開発	57	65	1962.08.21	開発	20-150
22	1957.04.10	開発	680	66	1962.08.22	開発	3
23	1957.04.12	開発	22	67	1962.08.23	開発	2.5
24	1957.04.16	開発	320	68	1962.08.25	開発	0.01-20
25	1957.08.22	開発	520	69	1962.08.27	開発	11
26	1957.08.26	緊急	0.1	70	1962.08.31	影響	2.7
27	1957.09.13	開発	5.9	71	1962.09.24	開発	1.2
28	1957.09.26	開発	13	72	1962.09.28	影響	1.3
29	1957.12.28	開発	12	73	1962.10.09	開発	8
30	1958.01.04	開発	1.3	74	1962.10.10	開発	9.2
31	1958.01.17	開発	0.5	75	1962.10.13	開発	4.9
32	1958.03.13	開発	1.2	76	1962.10.14	開発	0.01-20
33	1958.03.14	開発	35	77	1962.10.20	開発	6.7
34	1958.03.15	開発	14	78	1962.10.28	開発	7.8
35	1958.03.18	影響	0.16	79	1962.10.28	開発	7.8
36	1958.03.20	開発	12	80	1962.10.31	開発	10
37	1958.03.22	開発	18	81	1962.11.01	開発	3
38	1961.09.01	開発	16	82	1962.11.03	開発	4.7
39	1961.09.04	開発	9	83	1962.11.04	開発	8.4
40	1961.09.05	開発	16	84	1962.11.14	開発	12
41	1961.09.06	開発	1.1	85	1962.11.17	開発	18
42	1961.09.10	開発	0.88	86	1962.12.01	開発	2.4
43	1961.09.11	開発	0.30	合計	86 回		
44	1961.09.13	開発	0.01-20				

注：目的のうち「開発」は核兵器開発を、「緊急」は緊急時用実験を、「影響」は核爆発の影響実験を意味する。
出所：В.Н. Михайлов Ядерные испытания СССР, Том 1, 1997г. より筆者作成

（表）によれば、同年、セミパラチンスクでは 8 月に 12 回、9 月 4 回、10 月 9 回、11 月 10 回、12 月 4 回の合計 39 回の実験が行なわれたのである[20]。

　ティレウベルゲノフは、大気圏核実験の中で放射能汚染がもっとも強かったのは、1954 年 10 月 5 日と 30 日、1955 年 9 月 21 日、1956 年 3 月 16 日、1962 年 8 月 7 日の核実験であると指摘[21]する（しかし、ミハイロフの表には 1955 年 9 月 21 日の実験は載っていない）。他方でジュマディーロフ（Zhumadilov）は、特に被害が大きかった核実験として 1949 年 8 月 29 日、1951 年 9 月 24 日、1953 年 8 月 12 日を挙げ、これらが被害者の被ばく線量の 90%を占めると報告している[22]。このことから、すべての核実験が実験場周囲に大規模の被害をもたらしたとは言えないが、セミパラチンスク地域の環境と住民が破壊的な被害を受けたことは明らかである。

　セミパラチンスク核実験場における実験の被害は、非常に広い範囲に及ぶ。これが一つの特徴である。その理由としては、核爆発が地上数十メートルの高さで行なわれ、爆発のエネルギーが周囲の土壌を巻き込み、気流に乗って高く舞い上がった後に遠方で落下したためである。このように、実験場から数百メートル離れた村々でも高い線量の放射能汚染が見られた[23]。

第 II 期　部分的核実験禁止条約による地下実験（1963 ～ 1990 年）

　1963 年 8 月 5 日にモスクワで、アメリカ、イギリス、ソビエト連邦の

20　В.Н. Михайлов Ядерные испытания СССР, Том 1, Саров, ВНИИЭФ 1997г. ; Тлеубергенов С.Т. Полигоны Казахстана, Гылым 1997, стр.131-143.

21　Тлеубергенов С.Т. Полигоны Казахстана, Гылым 1997, стр.133-134

22　Zhumadilov, Z.S., (2003), Health Effects of Radiation Associated with Nuclear Weapons Testing at the Semipalatinsk Test Site, Oral presentation at the seminar of Hiroshima Peace Science Consortium, 2003 年 12 月 17 日、広島。

23　Gordeev, K.L., Vasilenko, I., et al. (2002), Fallout from nuclear tests: Dosimetry in Kazakhstan, *Radiation and Environmental Biophysics* 41, 61-67.

地下核実験用垂直式トンネル
出所：筆者撮影（2009 年 5 月）

チャガン湖
出所：筆者撮影（2009 年 6 月）

3ヵ国が「大気圏内、宇宙空間および水中における核兵器実験を禁止する条約（部分的核実験禁止条約：PTBT）」に調印し、10月に発効した。

それ以後、セミパラチンスク核実験場南西部のデゲレン（Degelen）地区と南東部のバラパン（Balapan）地区で地下核実験が行なわれた。地下核実験のうち、チャガン（Chagan）、サリ・ウゼン（Sary-Uzen）、テルケム（Telkem）、テルケム2（Telkem-2）で実施された5回は、クレーターを形成するための爆発（掘削実験）など技術・工業利用目的のもので[24]、核爆発物は地下の浅い所に置かれていた。

最初の掘削実験である1965年1月15日の核実験（チャガン核実験：140キロトンの水爆実験）は最も規模の大きいもので、高さ100メートルにもおよぶ崖に囲まれた直径約400メートル、深さ約100メートルの「原子湖」と呼ばれる湖（チャガン湖）が形成された。ティレウベルゲノフは、地下核実験のうち69回は、放射性核種が大気中に漏出し、地域の放射能汚染を起こしたことを指摘している[25]。

地下核実験は、209回「水平式トンネル」（Штольня）[26]、131回「垂直式トンネル」（Скважина）[27]での核爆発であった。

24　Тлеубергенов С.Т. Полигоны Казахстана, Гылым 1997, стр.136.

25　Тлеубергенов С.Т. Полигоны Казахстана, Гылым 1997, стр.118.

26　直径1〜2メートル、深さ約600〜700メートルの水平のトンネル。

27　直径1〜2メートル、深さ約600〜700メートルの垂直のトンネル（井戸）。

図表 5　地下核実験年表と詳細

No	年月日	威力 kt	実施方法	区域
1	1961.10.11	1	水平式	Degelen
2	1962.02.02	0.001-20	水平式	Degelen
3	1964.03.15	20-150	水平式	Degelen
4	1964.05.16	20-150	水平式	Degelen
5	1964.06.06	0.01-20	水平式	Degelen
6	1964.07.19	20-150	水平式	Degelen
7	1964.08.18	0.001-20	水平式	Degelen
8	1964.09.30	0.001-20	水平式	Degelen
9	1964.11.16	20-150	水平式	Degelen
10	1965.01.15	140	垂直式	Balapan
11	1965.02.04	0.001-20	水平式	Degelen
12	1965.03.03	0.001-20	水平式	Degelen
13	1965.03.27	0.001-20	水平式	Degelen
14	1965.05.11	0.001-20	水平式	Degelen
15	1965.06.17	0.001-20	水平式	Degelen
16	1965.07.29	0.001-20	水平式	Degelen
17	1965.09.17	0.001-20	水平式	Degelen
18	1965.10.08	0.001-20	水平式	Degelen
19	1965.10.14	1.1	垂直式	Sary-Uzen
20	1965.11.21	29	水平式	Degelen
21	1965.12.24	0.001-20	水平式	Degelen
22	1966.02.13	125	水平式	Degelen
23	1966.03.20	100	水平式	Degelen
24	1966.04.21	0.001-20	水平式	Degelen
25	1966.05.07	4	水平式	Degelen
26	1966.06.29	20-150	水平式	Degelen
27	1966.07.21	20-150	水平式	Degelen
28	1966.08.05	0.001-20	水平式	Degelen
29	1966.08.19	0.001-20	水平式	Degelen
30	1966.09.07	0.001-20	水平式	Degelen
31	1966.10.19	20-150	水平式	Degelen
32	1966.10.29	0.001-20	水平式	Degelen
33	1966.11.19	0.001-20	水平式	Degelen
34	1966.12.03	0.001-20	水平式	Degelen
35	1966.12.18	20-150	垂直式	Sary-Uzen
36	1967.01.30	0.001-20	水平式	Degelen
37	1967.02.26	20-150	水平式	Degelen
38	1967.03.25	0.001-20	水平式	Degelen
39	1967.04.20	20-150	水平式	Degelen
40	1967.05.28	0.001-20	水平式	Degelen
41	1967.06.29	0.001-20	水平式	Degelen
42	1967.07.15	0.001-20	水平式	Degelen
43	1967.08.04	0.001-20	水平式	Degelen
44	1967.09.02	0.001-20	水平式	Degelen

No	年月日	威力 kt	実施方法	区域
45	1967.09.16	0.001-20	垂直式	Sary-Uzen
46	1967.09.22	10	垂直式	Sary-Uzen
47	1967.10.17	0.001-20	水平式	Degelen
48	1967.10.30	0.001-20	水平式	Degelen
49	1967.11.22	0.001-20	垂直式	Sary-Uzen
50	1967.12.08	0.001-20	水平式	Degelen
51	1968.01.07	0.001-20	水平式	Degelen
52	1968.04.24	0.001-20	水平式	Degelen
53	1968.05.23	0.001	水平式	Degelen
54	1968.06.11	0.001-20	水平式	Degelen
55	1968.06.19	0.001-20	垂直式	Balapan
56	1968.07.12	0.001-20	水平式	Degelen
57	1968.08.20	0.001-20	水平式	Degelen
58	1968.09.05	0.001-20	水平式	Degelen
59	1968.09.29	60	水平式	Degelen
60	1968.10.21	0.24	垂直式	Telkem
61	1968.10.29	0.001-20	水平式	Degelen
62	1968.11.09	0.001-20	水平式	Degelen
63	1968.11.12	0.24x3	垂直式	Telkem
64	1968.12.18	0.001-20	水平式	Degelen
65	1969.03.07	20-150	水平式	Degelen
66	1969.04.04	0.001-20	水平式	Degelen
67	1969.04.13	0.001-20	水平式	Degelen
68	1969.05.16	0.001-20	水平式	Degelen
69	1969.05.31	0.001-20	垂直式	Sary-Uzen
70	1969.07.04	0.001-20	水平式	Degelen
71	1969.07.23	16	水平式	Degelen
72	1969.09.11	0.001-20	水平式	Degelen
73	1969.10.01	0.001-20	水平式	Degelen
74	1969.10.30	0.001-20	水平式	Degelen
75	1969.11.27	0.001-20	水平式	Degelen
76	1969.11.30	125	垂直式	Balapan
77	1969.12.28	40	垂直式	Sary-Uzen
78	1969.12.29	0.001-20	水平式	Degelen
79	1970.01.29	0.001-20x3	水平式	Degelen
80	1970.02.18	0.001	水平式	Degelen
81	1970.03.27	0.001-20	水平式	Degelen
82	1970.05.27	0.001-20	水平式	Degelen
83	1970.06.28	20-150	水平式	Degelen
84	1970.06.28	0.001-20	水平式	Degelen
85	1970.07.21	0.001-20	垂直式	Sary-Uzen
86	1970.07.24	0.001-20	水平式	Degelen
87	1970.09.06	0.001-20	水平式	Degelen

No	年月日	威力 kt	実施方法	区域
88	1970.09.06	0.001-20	水平式	Degelen
89	1970.11.04	0.001-20	垂直式	Sary-Uzen
90	1970.12.17	20-150	水平式	Degelen
91	1971.01.29	0.001-20	水平式	Degelen
92	1971.03.22	20-150	水平式	Degelen
93	1971.03.23	0.001-20	水平式	Degelen
94	1971.04.09	0.23	水平式	Degelen
95	1971.04.25	90	水平式	Degelen
96	1971.05.25	0.001-20	水平式	Degelen
97	1971.06.06	16	垂直式	Sary-Uzen
98	1971.06.19	0.001-20	垂直式	Sary-Uzen
99	1971.06.30	0.001-20	垂直式	Balapan
100	1971.10.09	12	垂直式	Sary-Uzen
101	1971.10.21	23	垂直式	Sary-Uzen
102	1971.11.29	0.001-20	水平式	Degelen
103	1971.12.15	0.001-20	水平式	Degelen
104	1971.12.30	0.001-20	水平式	Degelen
105	1971.12.30	20-150	水平式	Degelen
106	1972.02.10	16	垂直式	Balapan
107	1972.03.10	0.001-20	水平式	Degelen
108	1972.03.28	0.001-20	水平式	Degelen
109	1972.04.20	0.001-20	水平式	Degelen
110	1972.06.07.	0.001-20	水平式	Degelen
111	1972.06.07	0.001-20	水平式	Degelen
112	1972.07.06	0.001-20	水平式	Degelen
113	1972.08.16	8	水平式	Degelen
114	1972.08.26	0.001-20	垂直式	Sary-Uzen
115	1972.09.02	2	垂直式	Sary-Uzen
116	1972.11.02	165	垂直式	Balapan
117	1972.12.10	0.001-20 20-150	水平式	Degelen
118	1972.12.10	140	垂直式	Balapan
119	1972.12.28	0.001-20	水平式	Degelen
120	1973.02.16	20-150	水平式	Degelen
121	1973.04.19	0.001-20	垂直式	Sary-Uzen
122	1973.07.10	0.001-20	水平式	Degelen
123	1973.07.23	150-1500	垂直式	Balapan
124	1973.09.20	0.001	垂直式	Balapan
125	1973.10.26	0.001-20	水平式	Degelen
126	1973.11.04	0.001-20	垂直式	Balapan
127	1973.12.14	20-150	垂直式	Balapan
128	1973.12.31	0.001-20	水平式	Degelen
129	1974.01.30	0.001-20	水平式	Degelen
130	1974.02.28	0.001	水平式	Degelen
131	1974.04.16	0.001-20	垂直式	Balapan
132	1974.05.16	0.001-20	水平式	Degelen

No	年月日	威力 kt	実施方法	区域
133	1974.05.31	20-150	垂直式	Balapan
134	1974.06.25	0.001-20	水平式	Degelen
135	1974.07.10	0.001-20	水平式	Degelen
136	1974.07.29	0.001-20	垂直式	Balapan
137	1974.09.13	0.001-20	水平式	Degelen
138	1974.10.16	0.001-20	水平式	Balapan
139	1974.11.28	0.001-20	垂直式	Sary-Uzen
140	1974.12.07	1.7	垂直式	Murzhik
141	1974.12.16	0.001-20	水平式	Degelen
142	1974.12.16	3.8	水平式	Degelen
143	1974.12.27	20-150	垂直式	Balapan
144	1975.02.20	0.001-20x3	水平式	Degelen
145	1975.02.20	0.001-20	水平式	Degelen
146	1975.03.11	0.001-20	水平式	Degelen
147	1975.04.27	20-150	垂直式	Balapan
148	1975.06.08	0.001-20	水平式	Degelen
149	1975.06.30	0.001-20	垂直式	Balapan
150	1975.07.15	0.001-20	水平式	Degelen
151	1975.08.07	0.001-20x3	水平式	Degelen
152	1975.10.05	0.001-20	水平式	Degelen
153	1975.10.29	20-150	垂直式	Balapan
154	1975.12.13	0.001-20	水平式	Degelen
155	1975.12.25	20-150	垂直式	Balapan
156	1976.01.15	0.001-20	水平式	Degelen
157	1976.03.17	0.001-20	水平式	Degelen
158	1976.04.10	0.001-20	水平式	Degelen
159	1976.04.21	0.001-20	垂直式	Degelen
160	1976.04.21	0.001-20	水平式	Balapan
161	1976.05.19	0.001-20	水平式	Degelen
162	1976.06.09	0.001-20	垂直式	Balapan
163	1976.07.04	20-150	垂直式	Balapan
164	1976.07.23	0.001-20	水平式	Degelen
165	1976.08.04	0.001-20	水平式	Balapan
166	1976.08.28	20-150	垂直式	Balapan
167	1976.10.30	0.001-20	水平式	Degelen
168	1976.11.23	20-150	垂直式	Balapan
169	1976.12.07	20-150	垂直式	Balapan
170	1976.12.07	20-150	垂直式	Balapan
171	1976.12.30	0.001-20	水平式	Degelen
172	1977.03.29	0.001-20	水平式	Degelen
173	1977.03.29	20-150	垂直式	Sary-Uzen
174	1977.04.25	0.001-20	水平式	Degelen
175	1977.05.29	20-150	垂直式	Balapan
176	1977.06.29	0.001-20	垂直式	Balapan

No	年月日	威力 kt	実施方法	区域
177	1977.07.30	0.001-20	水平式	Degelen
178	1977.08.17	0.001-20	水平式	Degelen
179	1977.09.05	20-150	垂直式	Balapan
180	1977.10.29	0.001-20	水平式	Degelen
181	1977.10.29	20-150	垂直式	Balapan
182	1977.11.12	0.001-20	垂直式	Balapan
183	1977.11.27	0.001-20	水平式	Degelen
184	1977.11.30	20-150	垂直式	Balapan
185	1977.12.26	0.001-20	水平式	Degelen
186	1977.12.26	0.001-20x3	水平式	Degelen
187	1978.03.19	0.001-20	垂直式	Sary-Uzen
188	1978.03.26	0.001-20	水平式	Degelen
189	1978.04.22	0.001-20	水平式	Degelen
190	1978.05.24	0.001	水平式	Degelen
191	1978.05.29	0.001-20	水平式	Degelen
192	1978.06.02	0.001-20	水平式	Degelen
193	1978.06.11	20-150	垂直式	Balapan
194	1978.07.05	20-150	垂直式	Balapan
195	1978.07.28	0.001-20x5	水平式	Degelen
196	1978.08.29	0.001-20	水平式	Degelen
197	1978.08.29	20-150	垂直式	Balapan
198	1978.09.15	20-150	垂直式	Balapan
199	1978.09.20	0.001-20	水平式	Degelen
200	1978.10.15	0.001-20	水平式	Degelen
201	1978.10.31	0.001-20	水平式	Degelen
202	1978.11.04	20-150	垂直式	Balapan
203	1978.11.29	20-150	垂直式	Balapan
204	1978.11.29	0.001-20	水平式	Degelen
205	1978.12.14	0.001-20	水平式	Degelen
206	1978.12.20	0.001-20	水平式	Degelen
207	1979.02.01	0.001-20	垂直式	Balapan
208	1979.02.16	0.001-20x2	垂直式	Sary-Uzen
209	1979.03.23	0.001	水平式	Degelen
210	1979.04.10	0.001	水平式	Degelen
211	1979.05.06	0.001-20	水平式	Degelen
212	1979.05.31	0.001-20x4	水平式	Degelen
213	1979.06.12	0.001	水平式	Degelen
214	1979.06.23	20-150	垂直式	Balapan
215	1979.07.07	20-150	垂直式	Balapan
216	1979.07.18	0.001-20	垂直式	Sary-Uzen
217	1979.07.18	0.001-20	水平式	Degelen
218	1979.08.04	20-150	垂直式	Balapan

No	年月日	威力 kt	実施方法	区域
219	1979.08.18	20-150	垂直式	Balapan
220	1979.09.27	0.001-20	水平式	Degelen
221	1979.10.18	0.001-20	水平式	Degelen
222	1979.10.28	20-150	垂直式	Balapan
223	1979.11.30	0.001-20	水平式	Degelen
224	1979.12.02	0.001-20 20-150	垂直式	Balapan
225	1979.12.21	0.001-20	水平式	Degelen
226	1979.12.23	20-150	垂直式	Balapan
227	1980.03.14	0.001	水平式	Degelen
228	1980.04.04	0.001-20	垂直式	Sary Uzen
229	1980.04.10	0.001-20	水平式	Degelen
230	1980.04.25	0.001-20	垂直式	Balapan
231	1980.05.22	0.001-20	水平式	Degelen
232	1980.06.12	20-150	垂直式	Balapan
233	1980.06.25	0.001-20	垂直式	Balapan
234	1980.06.29	20-150	垂直式	Balapan
235	1980.07.31	0.001-20	水平式	Degelen
236	1980.09.14	20-150	垂直式	Balapan
237	1980.09.25	0.001-20	水平式	Degelen
238	1980.10.12	20-150	垂直式	Balapan
239	1980.10.23	0.001-20	水平式	Degelen
240	1980.12.05	0.001-20	水平式	Degelen
241	1980.12.05	0.001-20	水平式	Degelen
242	1980.12.14	20-150	垂直式	Balapan
243	1980.12.26	0.001-20	水平式	Degelen
244	1980.12.27	20-150	垂直式	Balapan
245	1981.03.25	0.001	水平式	Degelen
246	1981.03.29	0.001-20	垂直式	Balapan
247	1981.04.22	20-150	垂直式	Balapan
248	1981.05.27	0.001-20	垂直式	Balapan
249	1981.06.04	0.001	水平式	Degelen
250	1981.06.30	0.001-20	水平式	Degelen
251	1981.07.17	0.001-20	水平式	Degelen
252	1981.08.14	0.001-20	水平式	Degelen
253	1981.09.13	20-150	垂直式	Balapan
254	1981.10.16	0.001	水平式	Degelen
255	1981.10.18	20-150	垂直式	Balapan
256	1981.11.20	0.001-20	水平式	Degelen
257	1981.11.29	0.001-20	垂直式	Balapan
258	1981.12.22	0.001-20	水平式	Degelen
259	1981.12.27	20-150	垂直式	Balapan
260	1982.02.19	0.001-20	水平式	Degelen
261	1982.04.25	20-150	垂直式	Balapan
262	1982.06.25	0.001-20	水平式	Degelen
263	1982.07.04	20-150	垂直式	Balapan
264	1982.08.23	0.001-20	水平式	Degelen

No	年月日	威力 kt	実施方法	区域
265	1982.08.31	0.001-20	垂直式	Balapan
266	1982.09.21	0.001-20	水平式	Degelen
267	1982.12.05	20-150	垂直式	Balapan
268	1982.12.25	0.001-20	水平式	Degelen
269	1982.12.26	20-150	垂直式	Balapan
270	1983.03.11	0.001	水平式	Degelen
271	1983.03.30	0.001-20	水平式	Degelen
272	1983.04.12	0.001-20	水平式	Degelen
273	1983.05.30	0.001-20	水平式	Degelen
274	1983.06.12	20-150	垂直式	Balapan
275	1983.06.24	0.001-20	水平式	Degelen
276	1983.09.11	0.001-20	水平式	Degelen
277	1983.10.06	20-150	垂直式	Balapan
278	1983.10.26	20-150	垂直式	Balapan
279	1983.11.02	0.001-20	水平式	Degelen
280	1983.11.20	0.001-20	垂直式	Balapan
281	1983.11.29	0.001-20	水平式	Degelen
282	1983.11.29	0.001-20	水平式	Degelen
283	1983.12.26	0.001-20	水平式	Degelen
284	1984.02.19	20-150	垂直式	Balapan
285	1984.03.07	20-150	垂直式	Balapan
286	1984.30.29	20-150	垂直式	Balapan
287	1984.04.15	20-150	水平式	Degelen
288	1984.04.25	20-150	垂直式	Balapan
289	1984.05.26	20-150	垂直式	Balapan
290	1984.07.14	20-150	垂直式	Balapan
291	1984.09.09	0.001-20	水平式	Degelen
292	1984.10.18	0.001-20	水平式	Degelen
293	1984.10.27	20-150	垂直式	Balapan
294	1984.11.23	0.001-20	水平式	Degelen
295	1984.12.02	20-150	垂直式	Balapan
296	1984.12.16	20-150	垂直式	Balapan
297	1984.12.28	20-150	垂直式	Balapan
298	1985.02.10	20-150	垂直式	Balapan
299	1985.04.25	20-150	垂直式	Balapan
300	1985.06.15	20-150x3	垂直式	Balapan
301	1985.06.30	20-150	垂直式	Balapan
302	1985.07.11	0.001-20	水平式	Degelen
303	1985.07.19	0.001-20	水平式	Degelen
304	1985.07.20	20-150	垂直式	Balapan
305	1985.07.25	0.001-20	水平式	Degelen
306	1987.02.26	0.001-20	水平式	Degelen
307	1987.03.12	0.001-20	垂直式	Balapan
308	1987.04.03	20-150	垂直式	Balapan
309	1987.04.03	0.001-20	水平式	Degelen
310	1987.04.17	20-150	垂直式	Balapan

No	年月日	威力 kt	実施方法	区域
311	1987.05.06	0.001-20	水平式	Degelen
311	1987.06.06	0.001-20	水平式	Degelen
313	1987.06.20	20-150	垂直式	Balapan
314	1987.07.17	0.001-20	水平式	Degelen
315	1987.08.02	20-150	垂直式	Balapan
316	1987.09.18	0.001-20	水平式	Degelen
317	1987.10.16	0.001-20	水平式	Degelen
318	1987.11.15	20-150	垂直式	Balapan
319	1987.12.13	20-150	垂直式	Balapan
320	1987.12.20	0.001-20	水平式	Degelen
321	1987.12.27	20-150	垂直式	Balapan
322	1988.02.06	0.001-20	水平式	Degelen
323	1988.02.13	20-150	垂直式	Balapan
324	1988.04.03	20-150	垂直式	Balapan
325	1988.04.22	0.001-20	水平式	Degelen
326	1988.05.04	20-150	垂直式	Balapan
327	1988.06.14	0.001-20	垂直式	Balapan
328	1988.09.14	20-150	垂直式	Balapan
329	1988.10.18	0.001-20	水平式	Degelen
330	1988.11.12	0.001-20	垂直式	Balapan
331	1988.11.23	0.001-20x3	垂直式	Balapan
332	1988.12.17	20-150	垂直式	Balapan
333	1988.12.28	0.001-20	水平式	Degelen
334	1989.01.22	20-150	垂直式	Balapan
335	1989.02.12	20-150	垂直式	Balapan
336	1989.02.17	0.001-20	水平式	Degelen
337	1989.07.08	20-150	垂直式	Balapan
338	1989.09.02	0.001-20	垂直式	Balapan
339	1989.10.04	0.001-20	水平式	Degelen
340	1989.10.19	20-150	垂直式	Balapan
合計	340 回			

出所：В.Н. Михайлов Ядерные испытания СССР, Том 1, 1997г. より筆者作成

第2章 「正史」が語ること、隠すこと

1. セミパラチンスク地域および住民の現状

現在も居住する住民たち——不十分な補償

　本章では核実験場閉鎖後のセミパラチンスク地域及び住民の現状について、インタビューを用いて記述する。

　セミパラチンスク核実験場は、かつておよび閉鎖後の現在も、近郊に住民が住んでいる、世界で唯一の核実験場である。核実験場閉鎖後に周辺にある村々の人口、民族構成などは変化したが、位置に関しては大きな変更はなかった。核実験場の建設にともない、かつて実験場内のテリトリーから周辺の農村へ移住させられた住民の中では、建設以前に自分たちが住んでいた場所に戻ってきた人が多い。旧核実験場周辺の各地区の中央にある村々には数千人が居住し、病院や治療所、学校、郵便局、モスク、市場などが存在するものの、生活環境が整備されておらず住民が20〜30人しかいない村々も多い。若者や、少しでも経済力のある世帯はできる限り市内へ引っ越していくが、居住し続けている住民のほとんどが年金やわずかな家畜に頼って生活をしている。

　住民の社会保障は、1992年12月18日に採択された「セミパラチンスク核実験場における核実験による被害者である住民の社会的保護に関する法律」にのっとって実施されている。この法律の通り、被害を受けた住民への一時補助金は1996年、1998年、1999年と2000年を除いて、1994年以降毎年支払われている。初期は年金生活を送る住民のみに支払われていたが、1996年からは被ばくの程度にかかわらず補助金を受ける資格が認められた全住民に支払われるようになった。

　ただし、住民の社会保護において未解決な課題は多い。現状から判断すると、核実験の被害を受けた住民への政府からの対応は不十分である。地域の社会的・経済的復活プログラムは現状で必要とされる支援と違っている。旧セミパラチンスク核実験場の問題は、国際社会及び NGO から強く注目されているにもかかわらず、被害を受けた住民のリハビリに向けた対策と地域の社会的・経済的開発はシステム化されていない。つまり、政府、NGO、労働組合、企業などによる包括的な行動が存在していないのである。また、補助金を受ける権利のある住民や被害者証明証を持っている住民を統一的にまとめたデータベースが存在しないので、このような社会保障をいまだに受けていない人々もいる。

　核実験場が閉鎖されてからの 20 年以上の間に被ばくした住民の多くが死亡し、残りの多くは病気とたたかいながら平均基準以下の生活を送っている。社会的・医療的保護の基準の低下が住民にとって当然ながら大きなストレスとなり、この結果、住民の病状や心理状態が悪化している。

核実験場閉鎖以後の被ばく

　1996 年 2 月 7 日、旧セミパラチンスク核実験場の土地は、カザフスタン政府の第 172 決定により、カラガンダ州（13 万 1700 ヘクタール）、パブロダール州（70 万 6000 ヘクタール）、東カザフスタン州（97 万 8900 ヘクタール）に分けられた[1]。

　核実験場が閉鎖されてからその大規模なテリトリーは警備されなくなった。放射能や軍事的なゴミが詰まった旧核実験場は住民にとって「開かれ」、管理が放置された。実験場周辺では、今なお正常値を大幅に超える放射線が測定され、核の脅威はカザフスタンの人々の生活を静かにしかし確実に脅かしている。

　カザフスタンの専門家による放射能雲跡の調査により、170 万人が住む 30 万 4000 平方キロメートルのテリトリーが放射性降下物によって汚染さ

1　Постановление Правительства Республики Казахстан № 172 от 07.02.1996 года.

れていることが明らかになっている[2]。また、国連の専門家らによる 1998 年 6 月、 7 月の現地調査では、1000 万キュリー（Ci）の放射線降下物による環境汚染が生じており、核実験の影響が多面的でありかつ変化しつつあることが指摘された[3]。これは、1994 年の国際原子力機関（IAEA）の専門家、およびカザフスタン共和国、ロシア連邦、アメリカ合衆国、フランスの学者による共同調査でも確認されている[4]。

このような状況にもかかわらず、地下核実験用に建設された数十のトンネルの入り口が今も開いたままの状況である。かつて、収入を稼ぐために金属を探す周辺住民の男性たちが、地下核実験用に使用されていたトンネルなど旧核実験場の最も危険な地区にまで入り、放射能汚染されているケーブルを掘り出すなどして販売用の金属を収集していた。彼らによる一時的なキャンプ地や周辺住民の牧場は、放射線量が 20 万マイクロレントゲン（mR）を超える旧核実験場内の最も汚染されている地区でも確認できた[5]。旧核実験場の放射線量分布地図、危険な地区を示すポスターの設置や、放射能情報提供のような放射線安全対策がまだ取られていないので、現地住民の放射能の危険性に関する知識は低く、旧核実験場のどこが危険で、どこが危険ではないのかを正確に判断することがほぼできないのである。

2005 年にカザフスタン共和国国会下院において旧セミパラチンスク核実験場のテリトリーにおける放射能安全性と土地保有の問題が協議され、政府からの迅速な対策が求められた。これにより、2006 年から実験場周辺の危険な地域の境界を区分けする目印の設置が始められた。他にも、カザフスタン共和国原子力センター（NNC）による実験場内の放射線量が高い地区の車でのパトロールといったような警備対策が取られるよ

2　Тлеубергенов С.Т. Полигоны Казахстана, Гылым 1997, стр.118-119

3　И.Я. Часников «Эхо ядерных взрывов», Алматы 1998, стр.170.

4　Материалы VI Международной научно-практической конференции «Экология, радиация, здоровье», Семей, 28 августа 2010г. стр. 23,72.

5　筆者による旧核実験場内のフィールドワークより。

デゲレン地下核実験用地

うになった。2009年になってから軍警備隊の管理下におかれたのは旧核実験場内のデゲレン地下核実験用地とすべての大気圏核実験が行なわれた「Opitnoe Pole」（Опытное поле）という、核実験用のグラウンドのみであり、核実験場の全テリトリーはまだ立入禁止区間として設定されていない。周辺の住民が相変わらず自由に立ち入ることができる。この問題が2009年8月29日に「ネバダ・セミパラチンスク」国際的反核運動の主題として、セメイ市（旧セミパラチンスク市）において行なわれた第5回国際学会「環境、放射能、健康」でも報告されている[6]。

旧核実験地の再利用に関するイニシアティブ

一方では、旧核実験場内における土地保有に関する問題もある。

カザフスタン共和国農業省の2005年のデータによれば、現在東カザフスタン州の一部である旧核実験場の周辺には、村落以外に5万1700ヘクタールの面積内に57の農地があり、そこにはおよそ1万3000頭の羊、600頭の馬と、2万5000頭の大型有角家畜が飼われている。旧実験場で

6 Материалы V Международной научно-практической конференции «Экология, Радиация, Здоровье». Семей, 29 августа 2009 г.

現在パブロダール州に含まれる領域には、マイスキー地区の二つの農業施設が位置し、その総面積は 1 万 5802 ヘクタールである。この農業施設に約 8000 頭の羊と 1200 頭以上の馬が飼われていた。また、核実験場内に八つの農業栽培所があり、その総面積は 3939 ヘクタールを占める。そこでは毎年、平均 2796 トンの穀物、130 トンのジャガイモ、70 トンの野菜類、230 トンのひまわり油の収穫があり、2500 トンの種子を栽培している [7]。

　さらに、2010 年 9 月 10 日にカザフスタン共和国政府の決定（第 924番）によって採択された「グリーン開発」2010 ～ 2014 年プログラム [8] の中では、国立原子力センター（NNC）が主体となって、旧核実験場内の土地を引き続き調査し、新たなステータスの決定及び農業用地としての復活、危険な地区における放射性物質の除染に関するプログラムの開発及び導入が計画されていると指摘されている [9]。国立原子力センターは、カザフスタン国内で旧核実験場管理の一元的権限を有し、原子力の基礎研究、産業応用開発、セミパラチンスク旧核実験場地域における健康影響調査、放射能汚染地域の調査と対応、原子力平和利用と放射線安全研究などを実施している。

　カザフスタン国立原子力センターの情報によれば、同機関に所属する四つの研究所（放射線安全・生態学研究所、原子力研究所、地球物理学研究所、核物理学研究所）が 2008 ～ 2009 年に農業用地としての再利用の目的で、旧核実験場の中でも汚染度が低いと予想されている北部の土地の包括的な調査を行なった。その結果、同地区の放射能汚染が低く、一般的に地球に降り注ぐ放射性降下物（Global fallout）に相当することが判明したため、調査の結果を 2010 年にカザフスタン政府（環境省、原子エネル

7　カザフスタン共和国農業省ホームページ www.minagri.kz より。

8　Отраслевая Программа «Жасыл даму» на 2010-2014 годы, утвержденная постановлением Правительства РК от 10 сентября 2010 года № 924.

9　Отраслевая Программа «Жасыл даму» на 2010-2014 годы, утвержденная постановлением Правительства РК от 10 сентября 2010 года № 924, раздел 3.7, стр.118-128.

ギー委員会、エネルギーと鉱物資源省）および国際原子力機関（IAEA）
へ送り、その信憑性が認められたと報告した[10]。

　旧核実験場の全土地の 95％までが、農業などの目的で利用されるために、
将来的に国立原子力センターによって「旧核実験場土地」のステータスか
ら外される可能性が高く、政府もこのような方向性で検討している。

指摘される危険性

　上記の考えに対し「ネバダ・セミパラチンスク」国際的反核運動の総裁
スレイメノフ（O. Suleimenov）[11] とロシアのミハイロフ博士、セメイ市放
射能環境研究所元所長グセフ（B. Gusev）、カザフスタン国立原子力セン
ター放射能安全研究所元所長プティーツカヤ（L. Ptickaya）など多くの専
門家が反対の意思を示した。

　1969 年から 1995 年までカザフスタン及び中央アジアの放射能汚染コン
トロールセンターの所長を、そして 1995 年から 2008 年までクルチャト
フ市放射能安全研究所の所長を務めたプティーツカヤは、90 年代のカザ
フスタンとロシアの専門家による調査のデータに基づいて、セミパラチ
ンスク核実験場で行なわれた 456 回の核実験で 607 の核装置が使用され、
その製造に 290 キロのプルトニウムが使われたことを指摘し、核実験場
内のプルトニウムの完全な分解に 24 万年かかることを強調した。

　そして、プルトニウムの 99％が土壌の浅いところ（0.3 センチ）に存在
するため、風に乗って移動した場合、人間による吸入接触が極めて危険で
あることを主張した。一度体内に入ると、無害物質へと分解されるのに
肝臓では 40 年、骨では 80 年かかることをその根拠としている。さらに、
旧核実験場の土地が牧場、農場や鉱物資源発掘場として利用されると土壌
の表面に変化が起こり、放射性物質の大規模な移動が起こると警告したの

10　Научно-публицистический журнал «Человек, Энергия, Атом», №3(9) 2010,
　　стр. 11-19, Алматы.

11　1995 ～ 2001 年に在イタリア兼ギリシャカザフスタン特命全権大使、2001 年から
　　現在まで国連教育科学文化機関（ユネスコ）カザフスタン大使の職を与えられ、カ
　　ザフスタン国内政治に関わることを妨げられている状況にある。

である[12]。

　この問題は、2010年8月10日に「ネバダ・セミパラチンスク」国際的反核運動の主催で「日本とカザフスタンの核悲劇が繰り返されてはならない」とのタイトルで行なわれた会議でも議論され、カザフスタン政府に対し、旧核実験地の農業や経済のための再利用に関するイニシアティブの中止及び外部の専門家と国立原子力センターの専門家による同土地の包括的な調査が求められた。

　また、同2010年9月24日に行なわれた国際学会「カザフスタン・セミパラチンスク旧核実験場周辺における放射能・環境学的及び医療・人口学的な近代的課題とその解決方法」[13]では、ロシア連邦と日本の学者たちも参加して、旧核実験場の土地を農業・経済のために利用するのは極めて大きな間違いであり、カザフスタンの住民にとって強大な悪影響を与えるという判断を下した[14]。

2. 調査地域、調査対象、研究方法

三つの放射能汚染地域

　セミパラチンスク核実験場地域を、放射能の影響の特徴によって、つまり放射能の線量により、カザフスタンの専門家は三つの放射能汚染地域に分類している[15]。

12　Материалы международного симпозиума «Современные радиоэкологические и медико-демографические проблемы территорий Казахстана, прилегающих к Семипалатинскому испытательному ядерному полигону и их преодоление».

13　Международный симпозиум «Современные радиоэкологические и медико-демографические проблемы территорий Казахстана, прилегающих к Семипалатинскому испытательному ядерному полигону и их преодоление».

14　«Правда Казахстана», №41 (413) от 18 ноября 2010 г. стр. 10.

15　Назарбаев Н.А. Эпицентр мира, Атамура 2003, стр.57-58.
　　Закон Республики Казахстан от 18.12. 1992 года «О социальной защите граждан, пострадавших вследствие ядерных испытаний на Семипалатинском испытательном ядерном полигоне» («セミパラチンスク実験場における核実験で被ばくした人々の社会的保護に関する法律」より）。

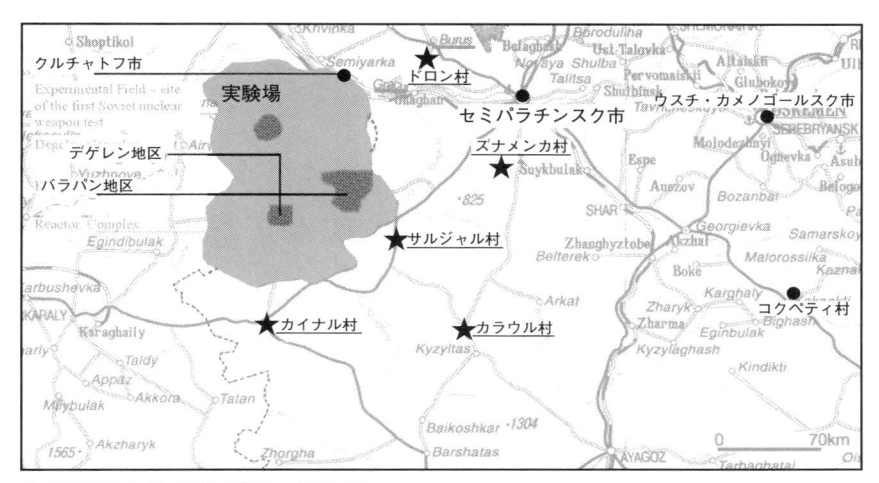

セミパラチンスク核実験場とその近郊
出所：川野徳幸（広島大学原爆放射線医科学研究所）を基に改編

　第一地域「最高汚染（被ばく）地域」——総被ばく線量が35から200ミリ・シーベルトの被ばくを受けた、極大、または最高汚染ゾーン（地域）。旧セミパラチンスク州のアバイ（Abai）、アブラリ（Abrali）、ベスカラガイ（Beskaragai）、ジャナセメイ（Zhanasemei）地区がそれに当たる。

　第二地域「高度汚染（被ばく）地域」——10から35ミリ・シーベルトの被ばくを受けた、高度汚染ゾーン（地域）。セミパラチンスク市と旧セミパラチンスク州の七つの地区がそれに当たる。

　第三地域「最低汚染（被ばく）地域」——10ミリ・シーベルトまでの被ばくを受けた、低い程度汚染ゾーン（地域）。第一と第二地域に含まれない地域がこれに当たる。

　上記の放射能の影響の特徴による地域分類は学者の推測に基づくものであり、具体的な放射影響地図の作成のためには、多数の地位理学的・地球物理学的な要因を踏まえなければならない。たとえば、パブロダール（Pavlodar）州、ロシアのアルタイ地方をはじめとする他の地域での放射能危険ゾーンの有無である。残念ながら、核実験場付近地域及びカザフス

タン全体の放射能地図はまだ完成されていない。これに向けてカザフスタンの多くの専門家が取り組んでいる[16]。しかし、上記の三つのゾーンに対しては放射能の影響や線量に関する具体的なデータが存在する。

聞き取り調査の方法・対象者

　本研究の一環として、2009 年の 3 月、4 月、6 月、2011 年の 3 月、4 月と 2012 年の 9 月の計 6 回に渡り、約 80 人の住民に対し聞き取り調査を行なった。調査地域として、上記の専門家による三分類のうち、最高汚染地域（総被曝線量が 35 から 200 ミリ・シーベルト）に含まれる旧セミパラチンスク核実験場周辺の 5 村——カラウル（Karauyl）、カイナル（Kainar）、サルジャル（Saryzhal）、ドロン（Dolon）、ズナメンカ（Znamenka）——に加え、セメイ市（旧セミパラチンスク市）を選定した。

　調査対象者は原則として 50 歳以上で、地上での核実験が行なわれた 1949 年から核実験場が閉鎖された 1989 年の間に以上の 5 村に居住した者で、かつ現在も同地域に居住する者と設定した。また、実験場閉鎖後にセメイ市内に引っ越した者も調査の対象とした。

　調査方法としては、「半構造化インタビュー」（予め決めた質問項目に沿って行なう方式）によって、主に経験、記憶、行動を問う質問を筆者から行ない、それに回答してもらった。インタビューは、カザフ語とロシア語で行なった。

調査に必要な「許可証」

　本研究の調査対象となった 5 村を含む旧セミパラチンスク核実験場周辺の村々と旧核実験場内への調査、取材などに際して、それがいかなる正式訪問であっても、カザフスタン国立原子力センター、東カザフスタン州行政府、セメイ市行政府、カザフスタン保健省、または、セメイ市にある国立放射線医学環境研究所（旧第 4 診療所）の正式な許可が必要である。

　これらの機関が許可を下せば、各村の役所、病院、治療所等のもとへ調

16　Назарбаев Н.А. Эпицентр мира, Атамура 2003, стр.57-58.

1950 年の人口（単位は人）		
村	村全体の人口	主集落の人口
ドロン	1,215	958
ズナメンカ	1,757	1,092
カラウル	2,387	2,387
サルジャル		
カイナル	2,299	1,974

セメイ市との距離（km）	
ドロン村	60
ズナメンカ村	60
カラウル村	180
サルジャル村	150
カイナル村	280

査者の情報が送られる。そうして、調査に必要な情報やインタビュー相手を紹介してもらうなど、調査援助を受けることが可能となる。

　許可が下りても、ほとんどの場合に上記機関のいずれかを代表する職員が同行することが定められている。これはカザフスタンの研究者が調査を行なう時はもちろんのこと、特に外国のテレビ局や調査団などの訪問に関して厳しく守られていることである。

　筆者は、2009 年の 3 月、4 月、6 月に外国のテレビ局の同行通訳として旧セミパラチンスク核実験場内を視察し[17]、テレビ局の取材以外の時間も利用して、調査対象地域である村々への住民に複数回にわたりインタビューを行なうことが可能になった。

　各村の病院や治療所の資料に基づいて村の住民の個人基本情報（個人の姓名、性、生年月日、民族等）を確認し、調査対象者の基準に当てはまる人々の住宅を訪問し、語り手を見つけた。

　筆者は、医師、または他の関係者の視線が気にならない、語り手と一対一のインタビューを心がけて、2011 年の 3 月と 4 月に、以前に筆者の親

17　筆者は以前も調査団に同行して旧核実験場内に数回入った経験がある。

戚が住んでいたカラウル村を 2 回、サルジャル村を 3 回訪問し、語り手を「雪だるま方式」によって集め、現地住民にインタビューを行なった。

　ただし、インタビューをしているという話が村中に広がるのがはやく、結果的に各村の政府から何らかの「許可書」を求められたので、予定していた長期調査（7 日間以上）を行なうことはできなかった。

　同期間中に、核実験場周辺の村々からセメイ市に引っ越した人々を含む、セメイ市の住民も対象にインタビュー調査を行なった。セメイ市に関しては調査を自由に行なうことができた。以前に旧核実験場近郊に住んでいた知人を通じて、彼らの同級生、旧隣人、知人を紹介してもらうなど、「雪だるま方式」に頼った。2012 年の 9 月にもこれと同様の方法でセメイ市内における調査を行なった。

　調査対象の 5 村は旧セミパラチンスク州における代表的な被ばく地域で、核実験時に照射線量の測定が行なわれ、現在はそのデータが公表されている。これらの地域は、核実験場周辺地域の中で当時の人口が比較的多く、行政区役所が置かれていた。

　住民の民族構成は、ズナメンカ村、サルジャル村、カラウル村は主にカザフ人とドイツ人であり、カイナル村は大多数がカザフ人で、ドロン村は主にロシア人であるという特性がある。

　サルジャル村とカラウル村が属する東カザフスタン州のアバイ（Абай）地区、ドロン村が属する東カザフスタンのベスカラガイ（Бескарагай）地区は、主な産業が農業で、穀物類の生産の他、醸造、酪農、林業などが盛んである。気候は大陸性気候で年間降雨量は少ない。ズナメンカ村とカイナル村はセメイ市（旧セミパラチンスク）に属している。

　本書では登場する語り手の個人情報として「性」と「生まれた年」のみを使用する。また、現地住民から頂いた写真、手紙、メモなどの個人ドキュメントも使用する。インタビュー内容の日本語訳は筆者によって行なわれた。

3．住民が語ること、語りえないこと

出産への恐怖

　セミパラチンスク核実験場は多くの人に不幸をもたらした。自分たちが
ソ連の核兵器開発の犠牲になったことを知った住民は、彼らを核実験の影
響から守らなかった当時の政府と政治に対する怒りを隠せない。被ばくの
残酷さを経験している親にとって子どもや孫が同様な運命を送ることが最
大の恐怖になっている。一方、放射能の影響に既に見舞われた子どもを持
つ親は、強い罪悪感に悩まされている。セミパラチンスク地域の住民は先
の見えない将来に対して多大な不安を心に抱えながら生きている。

　核実験は住民に身体的な健康面の被害を与えただけでない。強い全身倦
怠感、鬱病や自殺者が多発している現状と住民の証言から、心的障害の被
害も与えたと言える。また、家族、親戚、友人、隣人の死、そして、病気
を抱えているために教育機会や結婚機会を喪失することなども、社会・経
済生活の面での大きな被害となっている。

　旧核実験場の近傍で生きる女性たちは様々な問題に直面している。その
一つは、出産への恐怖である。強いラジオフォビア（放射線恐怖症）を持
つ女性たちは障害児が生まれてくることを恐れ、家族を持たない場合があ
る。また、妊娠しても人工妊娠中絶を繰り返す女性たちもいる。

　彼女たちは筆者のインタビューに対し心を悩ませることについて語った。

　（…）私は結婚してから10年経ちます。自分が生まれたサルジャル村
でも、後に移ったカラウル村でも奇形児をたくさん見てきたので、子ども
を産むのが怖かったです。最初に妊娠した時はとても悩みました。自分が
奇形児を出産した夢を見たので、翌日に病院に行って人工中絶しました。
夫には何も言いませんでした。2年後にもう一度妊娠しました。また悩み
ました。でも、夫の親は孫が生まれないことに不安を持ち始めたので、ど
うしても産まなければなりませんでした。9ヶ月の妊娠期間は私の人生で
最も恐ろしい時期でした。何回も中絶について考えました。幸いに元気な

子どもが産まれました（…）。

（女性、1979 年生まれ）

（…）生まれてくる赤ちゃんは奇形児ではないのかという心配は強かったです。私はセミパラチンスク市に産まれても、祖父・祖母と親はドロン村出身です。手足の指が5本ずつ揃っている子どもが産まれるように毎日祈り続けました。見た目は元気な赤ちゃんが誕生したけれども、心臓病を持って生まれました（…）。

（女性、1978 年生まれ）

（…）長男が身体障害児だったので、長女を妊娠した時は本当に悩みました。元気な子どもが欲しかったです。夫は私が産むことを望んでいたので、勇気を持って決断しました。でも、心の中ではとても怖かったです。せめて一人の子どもが元気でいて欲しかったです。娘は妊娠7ヶ月の時に生まれました。健康面でいろいろな問題があります。でも、とても頭が良くて、綺麗な女性に育ちました。核実験がなかったら、その酷い影響がなかったら、私はもっと子どもを産んだと思います。小さい時から4人の子どもが欲しかったのです（…）。

（女性、1969 年生まれ）

（…）あの時、私がお医者さんに最初に聞いたことは「女の子ですか？」、「男の子ですか？」ということではありませんでした。「手足の指はそろっていますか？」と聞きました。「大丈夫です」と言われてからとても幸せでした（…）。

（女性、1952 年生まれ）

（…）母の話によれば、彼女の村で奇形児が多かったので、「この村の女性には呪いがかかっている、だから元気な赤ちゃんは生まれない」と言われていたそうです。それは昔の人は核実験の悪影響について知らなかったからです。そのため、障害を持って生まれた子どもの母親はいつも罪悪感を持っていました。私が初めて妊娠したときに母から電話がかかって来て、「悪い夢を見たので、その子どもは産まないで」と言われました。母の、このような言葉に驚きました（…）。

（女性、1967 年生まれ）

（…）もちろん、元気な子どもも生まれますが、病気を持った子どもも
たくさん生まれます。全部核実験のせいです。核実験は女性の一番大切な
こと——母親になる幸せを奪いました（…）。　　　　（女性、1946年生まれ）

（…）私は初めて妊娠した時から3回人工中絶しました。病気を持った
子どもを産みたくないからです。でも、子どもが欲しいです。×××村で
障害を持って生まれた女性が子どもを出産したことを聞いて恥ずかしくな
りました（…）。　　　　　　　　　　　　　　　　（女性、1979年生まれ）

セミパラチンスク地域の女性には、卵巣嚢腫や子宮筋腫を含む女性生殖
器疾患、自然流産や妊娠後期における妊娠中毒症、早産、不妊、月経過多
症、再生不良性貧血、異常分娩とその他の妊娠にまつわる異常の発生頻度
が、被ばくしてない地域の女性に比較し、圧倒的に多い。

インポテンツを苦にした夫の自殺

筆者の調査対象になった5村の女性たちに見られたもう一つの問題は、
夫が自殺した若い未亡人が多いことである。

カザフスタンの村では、都市に比べて家庭生活に関する伝統的・保守的
な考えが残っているところが少なくない。そのため、未亡人の再婚は難し
いことである。

彼女たちへのインタビューの中で、地域の若い男性（20〜30歳）の自
殺の主な原因の一つは、インポテンツであることが分かった。しかしこれ
はデリケートなことであり、住民の心情上、あまり触れられない話題と
なっている。

（…）結婚して4年目に、夫にその問題が起こり始めたのです。仕事も
なく、経済的に厳しかったことも影響したと思いますが、彼は大変悩んで
いました。病院に行くのが恥ずかしかったです。結局医師に診てもらいま
したが、治りませんでした。彼は段々精神的に不安定になっていきました。
でも、自殺するなんて思いませんでした（…）。　　　（女性、1978年生まれ）

　（…）自殺する若い人が多いです。私の弟も、夫もそうでした。夫は健康面で色んな問題を持っていました。私はいつも家事や家畜の世話で忙しかったです。今もそうです。夫婦生活にも問題が発生し、彼はアルコールをたくさん飲むようになってしまいました。同じような問題を抱える男性は多いと思います。他人に話していないだけです（…）。

（女性、1966 年生まれ）

　（…）兄弟3人が癌で亡くなりました。父もそうです。今母と二人で住んでいます。母は私に結婚するように毎日言い続けるけれど、私は結婚できません。男性として機能できないからです。自分だって妻や家族が欲しいですよ。でも、母は高齢者だし、そんなことを説明しても仕方ありません。また、若い女はみんな都市に住みたがるでしょう。こんな村に誰もが嫁に行きたくないのです。私たちの問題は全部、核実験のせいだと思います。

（男性、1977 年生まれ）

　（…）夫は26歳で自殺しました。初めは辛かったけど、今は慣れています。再婚は難しいです。彼の親と自分の親の世話をしなければなりません。子どももいますし……。ここから別のところに引っ越せば再婚できるかもしれません。ここではすぐに噂になりますから。私はまだ若いし、自分の家族が欲しいです。セミパラチンスク市には親戚がたくさん住んでいます。まずはそこに行くと思います。でも、仕事を見つけるのが大変でしょう。ここにいる親を捨てられません（…）。　　（女性、1973 年生まれ）

　旧セミパラチンスク州では 1980 年から 1988 年の間、性に関する問題で、病院で診察受けた患者の数は 128 人から 574 人にまで増えた[18]。

18　Н.Р.Жотабаев Долгое эхо ядерных испытаний, Алматы 2011, стр.78-82.

夫を癌で亡くした中・高年齢の女性

夫を癌で亡くした中・高年齢の女性も多い。カザフ人の場合、伝統的に家族の繋がりが強いため、未亡人になっても孤独の問題を抱える女性はほとんどいなかった。

一方で、夫を亡くしたロシア人の高齢者女性の多くは孤独な生活を送っているため、トラウマがより深かったと言える。

（…）夫は59歳で、癌で亡くなりました。胃の癌でした。彼は仕事を好んでいました。運転手として働いていました。子どもたちのことがとても好きでした。子どもたちが宝物で、それがすべてだと考える人でした。でも、残念ながら、彼は子どもたちと幸せに過ごすことができず、この世から早く去っていきました。

子どもたちも大きくなってここを出て行きました。長男はウスチ・カメノゴールスク（Ust-Kamenogorsk）市（カザフ語表記：オスケメン）に住んでいます。工場で働いています。次男はロシアのノヴォシビルスク（Novosibirsk）市に住んでいます。娘はセミパラチンスク市に住んでいます。彼女は病院で働いています。

子どもはみんな自分の家族を持っていますので、私は彼らの負担になりたくないです。年金をもらっているから飢えることはありません。でも、私は朝から晩まで独りです。夫が生きていれば、残りの人生を二人で楽しんだのに。体が痛くてパンを買いに行けない日もあります。核実験は私の健康を壊しました。毎日血圧が高いです。（…）。　　　（女性、1946年生まれ）

（…）大変いい夫でした。子どもたちを二人で育てました。仕事をするのが好きで、働き者でした。いらない話をしない人で、他人の噂を言うのが嫌いでした。子どもたちにもそういうことを教えました。彼は、子どもたちが元気に育って、貧困や病気を知らない生活をしてほしいと思っていました。食事は、いつも先に子どもたちに食べさせていました。「先に子どもたちに食事してもらってから、二人で食べよう」と言っていました。大変いい人で、しっかりした夫でした。長距離を走る運転手でしたので、

留守にすることが多かったです。それにしても、いつもわたしの家事など
の手伝いをしてくれていました。わたしも仕事していましたので、家事を
すべて一人でこなすのは難しかったです。仕事がいつも忙しかった。でも、
私たちは時間を計算しませんでした。夫も、わたしも一生懸命に働きまし
た。彼は酒を飲まない人でした。彼が亡くなってから私は一人で頑張りま
した。子どもたちは立派に育ちました。今は孫との時間を楽しんでいます。
三男と一緒に住んでいます。孫は4人います。でも、私は身体が悪いので、
彼らに教えてあげたいことの全部を伝えるのは難しいです。高血圧ですし、
すぐに疲れてしまいます（…）。　　　　　　　　　（女性、1947年生まれ）

　（…）夫のいる家庭は経済状況も、家庭も円満です。私が稼いだ1000
テンゲ [19] は、夫の稼いだ1テンゲのような価値にならない。夫がいない
とすべてが違います。52歳の若さで亡くなりました。彼は食道癌でした。
今は子どもと孫がいることに感謝しています。彼らがいつも元気でいてほ
しいです。病気をしないでほしいです（…）。　　　（女性、1951年生まれ）

　（…）夫の母親も癌で亡くなったので、彼は家族の温もりを知らずに育
ちました。だから、自分の家族の中で子どもたちの成長をもっと長く楽し
んで欲しかったです。一生懸命に働いたのに、その努力の実を楽しめない
まま、核実験のせいで亡くなってしまいました。夫のお姉さんも癌で亡く
なりました。お母さんも癌で亡くなりました。本人も癌で亡くなりました。
夫がいないと、生活が大変です。家畜の数も減ります。カザフ人は昔から、
家畜のおかげで生活ができています（…）。　　　（女性、1955年生まれ）

　（…）夫を亡くしたことは大変大きな後悔です。56歳で亡くなりました
が、病気のままでもいいからせめて60歳まで生きてもらいたかったです。
60歳の誕生日を祝う食事会もしたかったです。病気のままでも、私たち
と一緒にいてほしかった。できる限りの看病をしました。でも、彼を死か

19　カザフスタンの通貨。

ら助けることはできませんでした。家族の頼りだった夫を亡くして、大変辛いです。若い時いっぱい仕事をしたので、年を取ってから、家族のなかでゆっくり過ごしてもらいたかったです。私のような未亡人はいっぱいいます（…）。

（女性、1948 年生まれ）

ふるさとに残りたい

　旧セミパラチンスク核実験場近郊地域に住む人々は「生まれ育った大地を離れたくはない」と思っている。若者の多くは地元の学校を卒業してから、大学への入学や就職のため都市へ出て行く。村に残る若者もいるが、そのほとんどは健康面での問題を抱える人か経済状況が特に厳しい家庭出身の人である。アルコールに溺れ、依存症から抜け出せない人もいる。

　都市に移った若者はできる限り親も都市に引っ越させ、一緒に生活をする。しかし、50 歳を超えている住民の中でふるさとを離れたくないと思う人が多い。それは、カザフスタンでは先祖が生きた場所を離れ、彼らの墓を見捨てないということが、昔から大事な考えであったからである。

　もう一つ、古くからの友人、隣人のコミュニティーから離れたくないという理由が存在する。中には、アパートに住み慣れていないことや、家畜を持ち続けたいなど、都市生活自体を否定する住民もいた。

　また、証言の内容から、特に目立つ身体障害を持つ人にとっては、馴染みのある人ばかりが住んでいる村に住み続けるのが精神的に心地よいということが分かった。そして核実験場周辺の村々に住む住民の中で、これらの地域から出て行くと早く死ぬ、という考えも広まっていた。

　（…）ここは私のふるさとです。ここからどこへも移りたくありません。私の父も、祖父も、他の先祖もみんなこの地に生まれ、この地で死にました。私もそのようにしたいです。汚れていても、この大地は私にとって最高に美しい。先祖の墓すべてがここにあるから、私はここを離れる権利はありません。若い人は出て行ってもいいけれど、高齢者はずっとここに残った方がよいと思います。セミパラチンスク市にはいつでも行けます。すぐ近いです。３人の子どももセミパラチンスクに住んでいますので、い

つ行っても大丈夫です。でも、ここから出て行った人はホームシックになります。病気が悪化して早く死んでいくのです。私たちはここでしか生きていけません（…）。
（男性、1948 年生まれ）

（…）私の先祖から残った聖地は核実験によって汚染されてしまいました。この土地を子どもや孫に残すのは恥ずかしい。傷んだ土地だからです。人間に元気を与える土地は、病気を与える土地になってしまいました。私は死んでもここから離れません。でも、自分が死んでから子どもはここを出て行ってほしいです（…）。
（男性、1946 年生まれ）

（…）私たちはサルジャル村からセミパラチンスクへ 3 年前に引っ越してきました。正直に言って、ここでの生活はつまらないです。ほとんど毎週サルジャルに行きます。友人や隣人のお葬式のためにです。結婚式もあります。新年のお祝いや、サルジャルの設立記念日などもあります。夫も、私も、心はサルジャルに残っています。生まれた場所だから、若いときの思い出は全部そこに残っています。セミパラチンスクに引っ越したくなかったです。でも、子どもは「両親だけを村に残して、私たちが市内に住むのはよくない。『子どもに捨てられた』と言われる」とうるさく言ったので、やむを得ず引っ越しました（…）。
（女性、1950 年生まれ）

（…）村での生活が厳しく、セミパラチンスク市に引っ越しました。子どもにとってもここにいた方がいいと思いました。私はほとんど毎月入院するので、セミパラチンスクに住んだ方が便利です。村にはほとんど誰も残っていません。昔のような村はもうないのです（…）。
（男性、1953 年生まれ）

（…）私が住んでいた村の住民のほとんどが村を出ました。私たちもセミパラチンスクに出て来ました。親戚は全員ここにいます。年に何回かサルジャルに行きますけど、とても悲しくなります。昔のことを思い出すからです。親が生きていた頃、学校に通っていた頃などを思い出します。私

たちの家族が住んでいた家はまだ残っています。ドアや窓がありません。誰も住んでいません。その家を見ると心が痛いです。核実験がなければ、私は昔のようにサルジャルで住み続けたのに（…）。（男性、1962 年生まれ）

（…）この村の住民の中で、核実験の被害を受けていない家族は見つかりません。これは真実です。嘘をついていません。私たちは核実験と一緒に生きています。癌、自殺などの病気がたくさんあります。健康な人は見つかりません。これは、核実験がもたらした大きな悲劇であることを村の住民は理解しています。でも、祖先が生活していた大地だから、みんなここに住み続けています（…）。　　　　　　　　　　（男性、1964 年生まれ）

（…）私の夫と 4 人の子どもがこの村の墓に眠っています。だから、私はここを離れません。どこにも行きたくないです（…）。

（女性、1950 年生まれ）

（…）カザフ人という民族が誕生した時、このカイナル村もできたと思います。村の歴史はとても長いです。今の歴史学者の情報によれば、400 年も 500 年も前からあったそうです。祖先がここで生活していました。なぜなら、ここがカザフ人の生活習慣にぴったりの場所だからです。馬、羊など家畜を飼うために快適なところです。以前ここに有力な祖先が在住し、1 万頭以上の馬を持っていたという話もあります。大変恵まれていた場所でした。冬も草があるので、経済的な面でもとても生活しやすいところです。また、山地帯なので、冬になっても、山の村側に雪が積もっていても、裏側には絶対草があります。以前は、このカイナル村の周辺に小川が多かったです。デゲレン山から流れる小川がいっぱいありました。自然の純粋な水でした。特別の作業をしなくても、家畜が飲む水と食べる草とが一年中ありましたので、この土地が選ばれたのは当たり前のことです。もちろん、人間にとってもたいへん住みやすいところです。だからずっと昔からここに人々が住んできています。私はこれからもここに住み続けます（…）。　　　　　　　　　　　　　　　　（男性、1965 年生まれ）

　（…）ここに住んでいる人は偉大なアバイ（カザフスタンを代表する詩人、本書 16 頁参照）、シャカリム（国民的詩人）の子孫ですので、彼らにとって聖地であったこの地域を出て行く権利はありません。私たちは遊牧民です。私はここを愛しています。どんなに辛くても、私はここに残ります。あなたたちにはそのことが分からないでしょう（…）。

（男性、1949 年生まれ）

　（…）　3 万人以上の人口がいた当時のアブラリ地区は、核実験の被害を受けただけではなく、病人が異常なほどに多かったため、1955 年に区分させられてしまったのです。住民が別々にさせられたので、親族関係も遠くなってしまったし、別の地域に引っ越していった村人に対する出身地差別も起きました。このことも「カイナル症候群」という概念に含まれます。

　アブラリ地区が区分させられたことにも理由があります。病気が多発したので、村人を別々にさせる必要が生じたのです。1000 人、2000 人ずつの住民が、別の村々、別の州に移動させられました。そうすることで、癌などの病気で亡くなっていた第 1 世代のことが目立たなくなりました。みんな以前のままアブラリ地区に住んでいたら、人々は病気の多発と死亡の増加に大きな疑問を感じて、何かの運動が始まったかもしれません。みんながばらばらに移動させられたので、別の州の人口と交わって目立たなくなってしまいました。

　だから、アブラリ地区が再設立された 1991 年には、みんなまたここに戻って来ました。ここを出て行く人は非常に少ないです（…）。

（男性、1965 年生まれ）

　（…）ここから別のところに引っ越していく人は急に病気が悪化して、亡くなるのです。だから、いい年齢になっているなら、ここから引っ越さない方がいいです。ここの問題を解決させる唯一の道は、経済状況と医療サービスを改善させることです。そのために経済的な協力が必要です。人々がここに移住してくるように経済状況を改善させなければなりません

（…）。 （女性、1957 年生まれ）

　（…）市内に引っ越したら、私の顔を見て、人は驚くでしょう。差別されたくないです。誰も私にはっきり言わなくても、心の中ではそう考えるでしょう。若い女の子に笑われたくないです。ここでは自由を感じます。私のような人は珍しくないからです。誰も気にしません。外国人が来ると、たくさん写真を撮られます。核実験の被害を世界の人に知ってもらいたいです。私は頭が良いです。数学が上手ですし、詩を覚えるのが速いです。音楽も好きで、ドンブラ（民族楽器）を弾くのが上手です。村の住民は減っていくのが残念。特に若い人は出て行きます。私たちはみんな仲が良いです（…）。 （男性、1983 年生まれ）

非核と支援への切なる願い

　筆者がインタビューを行なった被害者には、①核実験に対する強い怒りと憎しみ、核兵器廃絶と核実験のない世界への切実な願い、②カザフスタンの独立への誇り、③現在置かれている状況に対する経済的援助、④健康不良に対する医療支援、国家補償を求める思いという共通点があった。

　（…）核実験を行なった人たちを絶対に許しません。私たちは彼らの実験道具になりました。この世界には核実験、核兵器はいりません。私たちのようなたくさんの人が既にその被害を受けています。戦争がないように願っています。「ポリゴン」がないように（…）。 （男性、1948 年生まれ）

　（…）広島、長崎では被爆者に対する医療が優れているので、普通の人々よりも被爆者たちの寿命が長くなっていると聞きました。私たちも同じ医療を受けたいです。研究しなければならないことです。協力が必要です。現在、被ばくした地域は 4 つのゾーンに区分されています。ゾーン別に補償金が支払われますが、カイナル村も一番危険なゾーンに含まれなければなりません。この問題を取り上げなければならない。補償金が少ないです（…）。 （男性、1953 年生まれ）

　（…）「ポリゴン」はカザフ国民の大きな悲劇です。同じようなことがどこにも繰り返されないことを願っています。世界の子どもたちが平和に暮らしてほしいです。核実験にも、原子力発電所にも反対です！　セミパラチンスクが繰り返されないように！　チェルノブイリが繰り返されないように！　フクシマが繰り返されないように！（…）。（男性、1954年生まれ）

　（…）時世代が私たちの運命を繰り返さないように祈るしかありません。世界の人は核実験に反対してほしいです。核実験は人間を殺します。私は核実験を考えた人を呪います！（…）。　　　　　　　（女性、1947年生まれ）

　（…）カラウル村の全員がカラウル山の方で集まって、「ネバダ・セミパラチンスク」運動に参加しました。核実験場が閉鎖されたときは、その喜びをみんなで表しました。カザフスタン全体から、そして世界のいろんなところからも人々が集まりました。世界の五つの核実験場の一つが閉鎖されたことが人々の喜びだったのです。ここに住む住民の長年にわたる悲劇と、大地を壊した核実験が終わったことを、全世界が応援し一緒に喜んだのです。私たちは歴史を変えました（…）。　　　　（男性、1964年生まれ）

　（…）核実験が止まったことは、私たちにとって言葉で伝えられないぐらい感動的なものでした。みんなで核実験を止めたのです。心の中では大変大きな誇りを持ちました（…）。　　　　　　　（男性、1955年生まれ）

　旧核実験場周辺の村々以外でも、カザフスタンの他の農村地域は都市に比べて住民のコミュニティー意識が強いが、旧核実験場の傍らで住み続ける住民は、地域社会の絆を特別に強く守っている。外部の調査が入らない限り、村の人々は核実験の話題に滅多に触れない。外部の客に対しても友好的で、必ず家に招いて、持っているものでご馳走してくれる。
　ここでの生活は他の地域と同様に、結婚式、葬式、誕生日のお祝い、子どもの世話、家事、家畜の世話といったごく日常的なことで溢れている。

一見、何の特徴もないように見えるかもしれないが、住民の一人一人の心の中を探れば、多くの悲劇が読み取れる。彼らのほとんどが心に悩みを抱え、心的障害を持っているが、それを意識していない人が多い。このような住民に対すると、専門的な援助（精神科医などの）が全く行なわれていないのである。

筆者が調査を行なった5村（カイナル村、サルジャル村、カラウル村、ズナメンカ村、ドロン村）とセミパラチンスク市の住民は、たくさんの証言を残した。その中で初めて他の人に打ち明けた悩みも多くあり、筆者が調査地域にもっと長く滞在できたなら、さらに多くの話が聞けたかもしれない。核実験を中止させるための運動が起きた時期に非常に大きな役割を果たした現地住民は、核実験場が閉鎖した現在に忘れ去られてしまっているのが事実である。これらの地域の生活基準は相変わらず低く、住民は変わらず「被害者」のステータスから脱出することはない。

これが被ばくした住民が深く語れないことでであるが、その上でも彼らが語られないものは何だろうか。

癌の急激な増加と医師の証言

セミパラチンスク地域では、癌の種類として初めに白血病の発生が見られた。核実験場に近い地域では、白血病の発生のピークは既に1953～1958年に見られた。これは放射能汚染が低い比較地域のデータを3倍も上回ったのである。白血病の発症率が一番高かった村はカイナル村、カラウル村、ドロン村、ズナメンカ村、サルジャル村であった。

これらの村では、核実験が開始された1949年から7年後に、胃癌の発症率は毎年60～65%に、肝臓癌の発症率は毎年62～67%に増加し、これらの数字を比較地域のデータを3倍上回った。

核実験開始後12年が経って（1961年）から、セミパラチンスク州では癌の急激な増加が記録された。核実験が始まってから15～20年経って（1964～1969年）から、セミパラチンスク州に見られた癌の多くは胃腸癌であった。胃腸癌の発生率は比較地域のデータを4倍上回った。食道癌は比較地域の数値を8倍も超えた。

1954 年まではセミパラチンスク市における癌の発症率はカザフスタンの他の地域であるパブロダール州や、ペトロパブロフスク市（Petropav-lovsk）に比べて低かった（1.5 倍）。しかし、1966 年にはセミパラチンスク市の癌の数値が 3 倍に増加し、比較地域のデータを 2 倍上回った。

残念ながら 1966 年以降、セミパラチンスク市とセミパラチンスク州における癌の発症率を引き続き登録することは、ソ連保健省によって意図的に禁止された。以上のことをカイナル村の医師の証言も裏付けている。

（…）第 1 世代の被爆者たちの病状の特徴は、同時にいくつもの病気が発症することです。そのなかで一番多いのは無気力性病など神経系の病気です。また、癌も多いです。減少する傾向は全く見られません。他にも、腎臓病、甲状腺病、肝臓病、胃炎、骨の病気、原因不明のアレルギーなどの皮膚病も少なくありません。季節によって、病状が悪化します。秋に激しくなってくる病気もあれば、冬が来てから悪化する病気もあります。つまり、一人の人間の体にこれらの病気の全部が存在するのです。

被ばくの神経系統への影響が大変大きいです。無気力性病は、どの病気の最初の症状です。神経系統への影響のせいで人は落ち込んで、うつ状態になってしまいます。スポーツや仕事をする気がなくなります。こういう状態が続くともちろん別の病気も発症します。栄養と睡眠の不足のせいで他の病気も発症します。

自分が医者になってから 30 年ぐらい経ちました。私たちを大変悩ませるのは、癌の発症率が非常に高いことです。患者さんの前で、一人の医者としてだけではなくて、医療そのものが無力であることを認識するのが大変つらいです。こういったことが非常に多いです。

近年、カイナルでは平均寿命が短くなる傾向が見られます。59、60 歳で癌などの病気で亡くなっていく人が多い。一番つらいのは、癌になる人の体力がなくなっても、意識がちゃんとあることです。だから、そういう患者さんの苦しんでいる顔を毎日見て励ましてあげることは、医者として大変つらいです。そういう時は、自分たちにできることは一つだけで、その患者さんの痛みを少しでも軽くしてあげることしかありません。

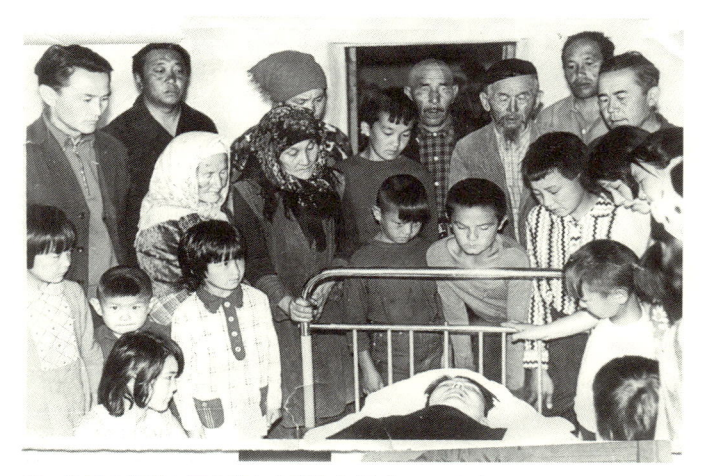

若い息子の突然な死を悲しむ家族と親戚、1973 年

　1989 〜 1990 年まで核実験の影響は不確かでした。一般住民の中で、私は医師としても、核実験が悪い影響を及ぼしていることを分かっていました。でも、それは言葉と推測に過ぎないものでした。誰も何も教えてくれなかったのです。そういった情報を教えることは大変危険でした。情報を漏らした人は政府のレベルで罰を受けることになっていました。

　ソ連時代、モスクワがすべてをコントロールしていました。当時は、住民の中に自分たちの大地が核実験を通じて世界平和に大きく貢献しているとの誇りを持った人々もいました。そういった考え方が、わざと広げられたのです。また、ここに住んでいる人は他のところで生きていけない、核実験はずっとここに住んでいる人には影響しないという考えも広げられました。この村の住民が発症する病気の原因は、カザフ人の生活習慣、食生活であるとの考えも出てきたのです。たとえば、お肉をたくさん食べているからとか、寝る前に肉を食べるからとか、熱い紅茶を飲むので、食道癌が発症するなどの話でした。

　あのときは診断書に「癌」と書くのが大変難しかったのです。それは禁じられていました。統計は基準通りに行なわれなければならなかったです。だから、癌の時は心臓病など別の病名を書くようにしていました。病院の

統計を調べられて、正しい統計を廃棄しなければならなかった時もありました。こういう例から当時の制度について判断できます（…）。

第3章　住民の証言の中の被ばく

1．核実験の始まり
—— 「大きい爆音を聞き、わき上がってくるキノコ雲とまぶしい光をみた」

セミパラチンスク実験場の建設

　核実験場の建設のためにセミパラチンスク地域が選ばれた理由として、ソ連の中で最も人口が少なく、近隣に鉄道などの交通手段が整っていたことが推測されている[1]。いったい政府のこのような計画のために、犠牲になっても構わない命の数はどのくらいだったのだろうか。たった一人の人間の命でも、新しい鉄道を作るための費用より安く評価されることはあるだろうか。ソ連の中で誰も生活していなかった不毛地帯が多くあったにもかかわらず、数十万人の住民が住むセミパラチンスク市からわずか150キロメートル離れたカザフの草原がソ連の核実験場として選ばれた。この広大な草原には約711の村落があった。

　1947年、セミパラチンスク州の広い草原である「サリ・アルカ」（Сары Арка＝黄金の草原）において、住民にとって謎の施設の建設が始まった。これは太古から人々に健康と喜びを与えてきたカザフの草原の運命の急転回を意味した。何世紀にもわたり、この草原の広大な空間にカザフ人は住んでいた。夏は放牧に出かけ、冬になると戻ってくる。大昔から牧畜が彼らに衣食を与えてきた。ここにソ連下でコルホーズ（集団農場）がつくられ始めてからは、草原は別の様相をもった。新しい村、道路が現れ、また送電線や通信線、その他の現代の利器が現れた。そしてある日突

1　Назарбаев Н.А. Эпицентр мира, Атамура 2003, стр.42-43.

然、謎の施設の建設が集中的に始まったのだ。

1949年8月29日の午前7時に22キロトンのプルトニウム爆弾を使用したソ連初の核実験が地上30メートルの高さで行なわれ、夏の日の安逸からステップを目覚めさせた。巨大な雷光が空を貫き、濃密な雲も、地上で燃えた第二の太陽を隠すことはできなかった。巨大な埃とガスの「キノコの雲」が形成され、高さ7キロメートル以上に及んだ[2]。核実験は成功した。アメリカとソ連の核競争が始まったこの日は、カザフスタンの住民にとって冷戦の中の被ばくの日々の始まりであった。

ソ連治安機関の長官ベリヤ（L. Beria）[3]は、クルチャトフ（Kurchatov）博士や他の責任者と一緒に、初の核実験を安全な地下操作所から見守った。そして、成功は大喜びで迎えられた。核爆弾の製造に携わったクルチャトフ、ハリトン（Khariton）、ショルキン（Shelkin）、アルフョーロフ（Alferov）などの物理学者たちに対しては、社会主義労働英雄の栄誉称号とスターリン国家賞が授与され、国から車と別荘が贈られた。また、彼らの子どもは、ソ連のどの大学にも無試験で入学ができる権利を得た。短期間で核爆弾を製造し、実験を成功させた彼らは実に偉大な学者とされた。

最初の核実験の証言

ソ連初の核実験が成功した瞬間を、何も聞かされていなかった周囲の住民はどう感じ取っただろうか。

エピソード1.

1949年の爆発があったとき、私は外に走って出たのを覚えています。地面に伏せて、起き上がりませんでした。しばらくしてから、立ち上がって空を見上げました。大きな「キノコ雲」を見た。立ち止まってずっと見ていました。きれいだった、でも恐かったです。その後、煙が村の方に流れてきたのを覚えています。 （男性、1923年生まれ）

2　Ядерные испытания СССР- том 1, Саров 1997, стр.171-205.

3　ソ連治安機関の長官。

エピソード 2.

　最初の核実験の時に、私は外で家畜に餌をやっていました。大きな爆発音がした。耳が痛かった。私は小屋の屋根に登って、空にわき上がる大きな「キノコ雲」を見た。兄弟や友達を呼び掛けて、みんなで「キノコ雲」の方に走りました。

（女性、1937 年生まれ）

エピソード 3.

　あの時は、学校帰りの途中、空に火の玉のようなものが見えたのを覚えています。不思議でした。友達と立ち止まってずっと見ていました。

（女性、1939 年生まれ）

エピソード 4.

　大きなキノコ雲を見た、まぶしい光だった。恐くて家に逃げた。

（女性、1927 年生まれ）

エピソード 5.

　1949 年 8 月 29 日の爆発を覚えています。爆発音が聞こえ、村の近くで大きな「キノコ雲」が現れました。その後、村には霧のようなものが広がって、煙のような匂いがした。この日は村にいたすべての犬が村から逃げ出してしまいました。いくつかの古い家の屋根が落ちてしまい、窓ガラスが割れていたのを覚えています。

（男性、1923 年生まれ）

エピソード 6.

　1949 年に初めて爆発を見ました。空にキャベツのような雲があらわれました。隣の家のお祖母さんが外に出て泣いていた。私たちはその雲の方へ走って行った。一体何だったのか、知りたかったです。

（女性、1931 年生まれ）

エピソード 7.

　私は 16 歳でした。最初の核実験の日は村の外に放牧に出かけていまし

た。外はとても暑かったです。突然、大きな音がして、空に火の玉が見えました。乗っていた馬が暴れて村の方に走っていきました。羊たちも逃げた。敵に爆弾を落とされたかと思った。戦争が始まったのかと、家族が心配していました。

（男性、1933 年生まれ）

エピソード 8.

　あの日は、若い男たち 20 人ぐらいで村の外に出て、冬に備えて草を取っていました。遠くに大きな火の玉が見えて、大きな音もした。暖かい風が前方から吹きました。その後、大きな「キノコ雲」を見ました。美しかったです。これは何だろうと思って、全員でずっと見ていました。

（男性、1932 年生まれ）

エピソード 9.

　私、弟と母は家の中にいました。突然、窓ガラスが勢いよく割れて、家が揺れた。母が祈りの言葉を繰り返しながら、私たちを急かして外に出ました。外に出たら、遠くにあった家の屋根の上（空）に大きなキノコのような雲が見えました。

（女性、1935 年生まれ）

エピソード 10.

　1949 年には私は 8 歳でした。毎年夏に放牧のために使っていた場所は使えなくなったのを覚えています。軍人たちがやって来て、ここで訓練をするので立入禁止ゾーンになると言っていた。最初の爆発のときは外にいました。軍人たちの訓練だと理解しました。

（男性、1941 年生まれ）

エピソード 11.

　その日は風が強かったのをよく覚えています。草原から風が村の方に吹いていました。朝起きてから屋根に登って、乾燥させるために並べたクルット（手作りのチーズ）を取ろうとした時に爆発を見た。すごいと思ってずっと見ていました。

（女性、1942 年生まれ）

エピソード 12.

　最初の爆発が行なわれた時は家が揺れた。同じ村で家の屋根が落ちて、子どもが死んだと聞いたのを覚えています。　　　　　　（女性、1942 年生まれ）

エピソード 13.

　1949 年の最初の爆発を覚えています。大きな音が聞こえて、空に大きな雲を見た。恐くて地面に伏せ、一生懸命に母を呼んで泣いた。お姉さんは家に走って行きました。　　　　　　　　　　　（男性、1941 年生まれ）

エピソード 14.

　最初の爆発の時は母と牛のミルク絞りをしていました。大きな音が聞こえたので、牛が驚いて落ち着かなかったです。　　　　（女性、1940 年生まれ）

エピソード 15.

　爆発の時はびっくりして地面に伏せた。頭を上げて何が起きたのか見ようとしても、よく分からない力で押されていました。それでも何かが見えました。まず、太い柱のような形をした埃の溜まり、それが段々大きな「キノコ雲」に形を変えました。最初はグレー色でしたが、後は青・赤色になりました。　　　　　　　　　　　　　　（男性、1937 年生まれ）

エピソード 16.

　爆発があった時は強い雷の何倍もする音が聞こえました。庭に出て空を見上げたら、黒色の大きな雲がどんどん広がっていきました。村に焼けた悪い匂いがしてきました。その後、私と兄弟は頭が痛くなり、気持ち悪くていっぱい吐いたのをよく覚えています。　　　　（女性、1936 年生まれ）

エピソード 17.

　爆発があった後にこちら側で「キノコ雲」を見ました。「キノコ雲」が見えたときに犬が吠えたり、家畜が鳴いたりしていました。その後、キノコの形から煙に変わって、アルタイ地域の方にまっすぐと流れて行きまし

た。私たちのドロン村の上を流れて行きましたが、ボラス（Boras）村の
上を流れていないと思います。火事の時の煙のような色と匂いがしました。

（女性、1940 年生まれ）

ソ連下の情勢──コルホーズ、人工的大飢饉を経た疲弊状態

　このように、核実験は豊かな自然の恵みを受けて暮らしていた住民の穏
やかな日々を突然奪ったのであった。8 月は収穫と干草準備の季節であり、
住民の多くは外で被ばくした上に、核実験場周辺の全地域が放射性降下物
によって汚染された。

　目撃した反応は様々だったが、皆がこれまで見たことのない現象を目撃
し、大草原に極度の不安を与える恐ろしい存在が活動しはじめたのを五感
で感じ取った。彼らはこの謎の施設を「ポリゴン」（演習場）と呼ぶよう
になった。

　しかし、当時は厳しい時代であった。20 世紀初頭まで人口のほとんど
が遊牧生活を行なっていたカザフスタンは、1930 年代から強制的・全面
的な農業集団化、大量弾圧の恐怖を経験した。ソ連内務人民委員部附属国
家政治局はカザフ民族主義者、知識人、集団化政策への反対者、そして共
産党政権にとって脅威であると見なされた者を容赦なく処罰した。また、
ソ連共産党に計画された 1931 〜 1933 年の人工的大飢餓により当時の人
口の 3 分の 1（約 200 万人）が消滅（死亡）したのである[4]。この時に死亡
したり国を出ていった人の人数は、当時のカザフ人の 48％を占めた[5]。

　このようなことから、人々は精神的に強く圧倒され、自由な意思が失わ
れていた。その上、初の核実験が行なわれた 1949 年は第 2 次世界大戦が
終了してから 4 年しか経っておらず、経済的にも人材的にも弱っている中
で戦後の混乱期が続いていた。そのため、爆発による地震を感じ、第二の

4　Татимов М. Б. Социальная обусловленность демографических
процессов. Алма-Ата,1989. С.124.

5　Татимов М. Б. Социальная обусловленность демографических
процессов. Алма-Ата,1989. С.124.

核実験場近郊で収穫作業をする村の若者（1954年）

太陽を目にしても、誰一人もその原因を調べ、抵抗することはできなかったのである。

　核実験を行なった関係者たちは、その実験がもたらす悲劇の規模を当時理解していなかったかもしれない。もしくは、彼らにとって周辺住民の運命は無関心なことであったのだろう。その真実は不明である。

　しかし、証言によると、周辺の住民はこの日に核実験が行なわれることを知らされておらず、彼らの安全のための対策が全く取られていなかったことが真実である。

2．恐怖―― 一体何が起きたのか？

噂を届ける「長い耳」

　ソ連のマスコミでは最初の核実験についての報道が全くなかった。皮肉にもこの日はモスクワで全ソ連平和支持者会議が開催されていた。

　1949年の実験から2年後の1951年9月と10月に2回の核実験が行なわれた。周辺の住民は再び謎の現象を目撃し、恐怖と不安に覆われた。彼らは家族や親戚の間でその話題に触れていたが、他人の前では特に何の不安もないかのように振る舞った。しかし、人々は空を割る爆発が一体何だったのか、それがいつまで続くのかを知りたかったに違いない。

　カザフ語には昔から「Uzun kulak」（長い耳）という言葉が存在する。

外から来た軍人の姿

これは、どんなに隠されていることでも、それを巡る噂が人々を通じてどこまでも広がるという意味である。「長い耳」によって、核実験場周辺の住民たちは、ポリゴンで軍が訓練をしているとの噂を聞くようになった。

　（…）1953年のことだったと思いますが、セミパラチンスク市から羊を買いに来ていた親戚から、ポリゴンでは再び戦争が起きた場合に備えて重要な訓練が行なわれていると聞きました。どんなに強い敵が攻めてきても、負けないように準備していると言っていました。それを聞いて、我々の大地が国家のために役に立っていることをとても誇りに思いました。「キノコ雲」が大変恐くても、国家のためであれば、我慢しなければならないと考えたのです（…）。　　　　　　　　　　　　　　　　　（男性、1930年生まれ）

　（…）爆発が起こる度にすごく大きな恐怖を感じていました。村に外から来た軍人たちの姿を見るようになったのを覚えています。あの「キノコ雲」が何だったのか分かりませんでしたが、みんなが Uchenie、Uchenie（ロシア語で「訓練」の意）と言っていたので、何か大変重要なことだろうと思っていました。でも、いつか村の上に爆弾が落ちたらどうしようと思って恐かったです。軍人たちを見たのも覚えています（…）。

（女性、1934 年生まれ）

　（…）私は 9 歳のときから爆発のことを覚えています。大きなユルタ[6]の形をした煙が現れたのを覚えています。窓ガラスが割れたのを覚えています。その時はポリゴンのことを深刻に考えませんでした。驚きながらも、無邪気に見ていました。その後の爆発も全部を観察していました。絶対に忘れられません。戦争の準備が進められているとの噂を耳にしました。大人は Uchenie（訓練）だと言っていたのです（…）。　（男性、1940 年生まれ）

　（…）大きな音がして、爆発が起きました。みんな恐れを感じていました。それまでは一度も見たことのないものでしたから。軍人から何かの訓練を行なっていると聞きました。その爆発のせいで冬のために取っていた草原の草が全部燃えてしまったのを覚えています。

　なぜ我々の大地で訓練を行なうのかなと不安に思っていました。でも、一方では、その大事な訓練をここで実施していることを誇りに思ったりもしました。見たことない飛行機が空を飛ぶのを見られたし、全部が不思議でした（…）。　　　　　　　　　　　　　　　（男性、1937 年生まれ）

　（…）カラウル村の周辺に住んでいた親戚が、軍人に集落から追い出されたと話していたのを覚えています。彼は悲しんでいました。軍人たちが訓練をするからと言っていました。その後にもう一度爆発を見たので、軍人たちの訓練が続いているのが分かりました（…）。　（女性、1942 年生まれ）

初の水素爆弾実験

　1953 年 8 月 12 日の朝 7 時 30 分に、アメリカに 1 年遅れてソ連初の水素爆弾（核融合爆弾）の実験が成功した。その威力は 400 キロトンであった。この爆弾は、1949 年の最初の核実験に利用された 22 キロトンの爆弾の威力を 20 倍も凌駕する威力で、巨大な「キノコ雲」（死の灰）が地上

6　遊牧民のテント（住居）。

ソ連初の水素爆弾の実験、1953 年 8 月 12 日
出所：Экологический музей г.Караганды.

16 キロメートルまで昇り、爆発の衝撃波は爆心地から 500 キロメートル以上離れているところまで伝わった。200 万以上の住民が 350 ～ 400 レントゲン（比：自然界は 15 ～ 20 レントゲン）までの放射線を浴び、被ばくしたのである。周辺に大量の放射性降下物が降り、建物の崩壊など住民に多くの被害が出た。

この実験にともない核実験場周辺の村々の住民は、初めて屋外避難[7]をするよう核実験場関係者たちから指示を受けたのであった[8]。ところが、セミパラチンスク市の住民に対してこのような対策は取られていなかった。

1953 年 8 月の核実験は、住民の記憶に強く焼き付いていた。

（…）初の水素爆弾の実験が行なわれたとき、私は 15 歳でした。村に

7　核実験の際に起こる衝撃波によって建物が崩壊した場合の下敷事故を避けるための対策であったと考えられる。住民は家、病院、学校などの建物から外に出るように命令されていた。

8　本論文の対象地域である 5 村の住民は 1953 年 8 月 12 日の核実験の前に屋外避難の指示を受けていることが筆者によって確認されているが、他の村に関しては不明である。

軍人がやって来て、緊急警報があった場合、家の窓とドアを閉めてから村の外に逃げ、地面に伏せるように注意をしました。頭を絶対に上げないようにと言っていました。そして、緊急警報がありました。みんなで村の外に逃げました。まずは、3 機の飛行機が見えました。それから突然太陽よりもまぶしい光が見えて、大きな音が聞こえました。地面が強く揺れました。その瞬間に 3 階建ての学校が崩れたのを見ました。村の中で火事が起きた家が数軒ありました。動物が大変でした。牛が大声で鳴いていて、村中の犬と猫が必死に逃げていました。地獄のような感じでした（…）。

（男性、1938 年生まれ）

（…）1953 年の爆発で私たちの家は倒れました。私は山の上にいました。突然、地面が強く揺れました。ものすごく強い雷の音がして、空に火が見えました。その後、巨大な「キノコ雲」が見えました。一瞬で吹いてきた暖かい風を感じました。私は恐かったです（…）。　　　（男性、1941 生まれ）

（…）その日私は友達とセミパラチンスク市内のイルティッシュ川（Irtish）で釣りをしていました。突然、地面を波が走りました。飛行機の音と共に別の大きな音が聞こえ始めたのです。二人とも驚いて森の方に走りました。そこから遠くを見たら、空に大きな雲が現れていました。時間が経ってからその雲が移動していきました（…）。　　（男性、1944 年生まれ）

（…）1953 年の爆発をよく覚えています。私はポリゴンから 100 キロ離れているところに住んでいました。病院で働いていました。軍人たちが来て、翌日の朝に患者さんの全員を病院の外に出すように指示しました。私たちは翌日の朝食後に病院にいた患者さんの全員を建物から出しました。彼らを地面に伏せて、上に白いシーツをかぶせました。言われた通り、病院のドアの全部を開けておきました。食器など、割れやすいものも外に出しました。軍人たちは頭を上げて、回りを見ないように注意しましたが、私は見ました。地面が強く揺れました。巨大な「キノコ雲」を見ました。患者さんにかぶせた白いシーツは青グレー色の炎で汚れたのです。

核実験場内。1956 年、秋

その後多くの患者さんと職員が体調を崩して、吐きました（…）。

（女性、1930 年生まれ）

（…）1953 年 8 月 12 日の核実験の時は、私はセミパラチンスク市内にある肉缶詰コンビナートで仕事中でした。突然地震が起きて、コンビナートの窓が割れました。建物が強く揺れましたし、私たちが避難場へ逃げた階段も強く揺れました。みんなが恐怖を感じました。何が起きたのか分からなかったです（…）。

（女性、1932 年生まれ）

（…）1953 年の 8 月 12 日、私は外で働いていました。8 月はちょうど収穫の時期であったからです。その時の私は 10 歳でした。晴れていて、素晴らしい天気でした。突然、地面が揺れ始めたのです。爆発の音が聞こえたので、みんなで小屋の方に走りました。空に第二の太陽が出たような感じでした。小屋が崩れ、1 人の女性と 2 人の子どもが下敷きになって死亡しました（…）。

（男性、1943 年生まれ）

（…）軍人たちが家にやって来て、家の中を見回った。翌日の朝に庭に

出て、地面が揺れた時は地面に伏せました。恐かったので、兄弟が泣きだして、大変でした。私には兄弟が 7 人いましたからね。家畜も鳴きました。キノコの形をした巨大なものを見ました。変な匂いも感じました。家の中に戻ったら、食器と窓ガラスのすべてが割れていました。その日に家族全員の体調が悪くなったのを覚えています。みんな吐きました（…）。

（女性、1942 年生まれ）

　ソ連が 1953 年 8 月 12 日に水爆実験に成功したことが新聞で報道されると、これによって住民はポリゴンで「新しい兵器」の実験が行なわれていると理解し始めたのであった。しかし、一般住民の中で「核」の意味を理解した人がいたとしても、その恐ろしい影響については誰もが何も知らなかったのである。

3．強制移動
―― 「私たちには何も分からなかった。家から追い出され、地面に伏せました」

物理的な怪我から守るための警報

　1953 年 8 月の水素爆弾の実験までは、住民に対して核実験に備えての避難警報が出されなかった。住民の証言によれば、核実験実施時の住民の安全性が考慮されるようになったのは、実験開始からしばらく時間が経過してからのことだった。

　考慮とは言っても、それは依然として不十分なものだった。旧セミパラチンスク州共産党委員会第一書記のボズタエフが指摘しているが、住民は 1956 年から核実験が行なわれる 1 時間前から警報を受けるようになった。その際、威力が 50 キロトン以上の核実験の際には、衝撃波によって建物が崩壊するなどして住民が被害を受ける恐れのない、村の外や近くの森などに屋外避難が促され、地面に伏せるよう指示を受けていた。一方、50 キロトン以下の威力の核実験の場合は家の中にいて、怪我を防ぐために窓に近づかないようにという程度の注意しかされなかったのである[9]。

9　К.Б. Бозтаев 29 августа, Атамура 1998.

これは放射線安全対策と言うよりも、住民を物理的な怪我から守るためのものにすぎなかったと考えられる。また、調査対象の5村の住民の証言を分析すれば、同じ実験の日でも住民に対する避難の種類が村ごとに違っていたことが分かる。当時の避難対策に関する旧ソ連軍産複合体のデータが公開されていないので、その理由は不明である。

屋外避難──ドロン村とズナメンカ村の場合

1953年8月12日の核実験にともない、一度だけ実験場周辺のアバイ地区（約33村）とアブラリ地区（約15村）の住民だけが一時的に移住を強制された。これらの2地区に筆者の調査対象のカイナル村、サルジャル村とカラウル村が含まれていたのである。

ドロン村とズナメンカ村はこれらの地区に属してなかったので、他の地区と同様、住民は実験直前の屋外避難にとどまった。

その時の体験をドロン村とズナメンカ村の住民は以下のように証言した。

（…）この山の下に隠れるようにと言われて、みんなで地面に横たわっていました。時間が経ってから「終わったので、立ち上がって、十分だ」と大声で知らせられたので、みんな立ち上がって家に戻ったのです（…）。

（女性、1945 年生まれ）

（…）「キノコ雲」を見ました。まず、空の赤らみが見えて、それから怖くて大きな「キノコ雲」が舞い上がりました。それから、「キノコ雲」が少しずつなくなり始めたので、家に戻っていいと言われました。みんな家に戻ったのです（…）。

（男性、1934 年生まれ）

（…）びっくりしました。以前そんなものを見たことがなかったので、もちろんみんなびっくりしたでしょう。終わってから、立ち上がって家に戻りました。後になってからもう慣れてきました。きりがなく繰り返されていたのです。もう、隠れたりもしなくなりました。普通に家の中にいました。家の中のものはあちこちに揺れていました（…）。

（男性、1936 年生まれ）

（…）私たちは森の方に連れて行かれ、地面に伏せるように言われました。「キノコ雲」は向こう側から、遠くから見えていましたので、だいたいこの家と同じ高さだったかもしれません。遠くから私たちにはそのように見えました。その後は、どんどん高く上がって、なくなっていきました。最初は、空に赤い玉が見えて、それからだんだん高くなりました。軍人たちは、空に赤い火が見えるので、びっくりしないようにと予告しました（…）。

（女性、1944 年生まれ）

（…）1953 年に軍人たちが外に出るように指示しました。それが初めてでした。大きな音が鳴ったので、耳が痛かったです。眩しかったし、恐かったです。それは何だったのか、もちろん知りませんでした。終わってから、普通に何も恐れずに歩いて家に帰りました。村の人はみんな冗談を言ったり、お互いから隠れるゲームをしたり、笑いながら家に帰る途中を楽しんでいました。何も恐ろしくはなかったです。軍人の訓練だと思っていたからです。もし、本当のことを知っていたら、そのときの態度は違っていたかもしれません（…）。

（女性、1943 年生まれ）

強制移住──アバイ地区とアブラリ地区

アバイ地区とアブラリ地区の突然な強制移住は住民にとって大きなストレスとなった。核実験が実施される 3 日前から前日にかけて移住が開始されたが、人々はその理由と期間について詳しい説明を受けていなかった。6000 人以上の移住先は各村から約 30 〜 60 キロメートル離れたアヤゴズ村（Ayagoz）の近くの草原やタルディ（Taldi）、バカナス（Bakanas）などの小規模の村だった。

村ごとの移住方法はそれぞれだった。トラックに乗せられて移住された人もいれば、自分たちの馬車や牛車で移住した人もいた。

当時のことを住民は以下のように思い返す。

（…）軍人たちがヘリコプターでやってきて、村から引っ越すので必要な物だけをもって村の中央にあった文化会館の前に集まるように指示した。トラックが数台来たので、最初に女性、子どもと高齢者が連れて行かれた。私たちはどこに行くのかは知りませんでした。家畜などを残して、突然どこに行くのかと思い、みんなパニックになっていました（…）。

（女性、1927 年生まれ）

（…）食べ物、服、食器などを持って、馬車で移住しました。大変不安でした。生まれた場所にまた戻ってくるのかは分かりませんでした。高齢者と病人を運ぶのが大変でした。私たちの村では死んでもここに残りますと言っていた人が何人もいました。よく覚えていませんが、村には誰も残っていなかったと思います。牛や羊が心配でした。連れていけばよかったのに、と思っていました（…）。

（男性、1933 年生まれ）

（…）トラックで軍人たちがやって来ました。みんなが村の中央に集まって、大きなトラックに乗せられて移住されました。村長、会計士たちは軍人を手伝いました。高齢者が泣いていたのを覚えています。彼らは村を離れたくなかったです（…）。

（男性、1923 年生まれ）

（…）連れて行かれた場所はアヤゴズの方でした。そこに 10 日間か 9日間いてから、村に戻って来ました。私の家の猫と犬たちが死んでいたのを覚えています。村の古い家は倒れていて、ほとんどの家の窓ガラスが割れていました。私の家の扉が壊れていました（…）。（女性、1944 年生まれ）

（…）村に戻ってきたら家が倒れていて、井戸の水が緑の油になっていたのを覚えています。隣人の家畜が死んでいました。私の家の鶏がみんな死んでいました。そして、犬の毛が半分以上抜けていたのをよく覚えています（…）。

（男性、1941 生まれ）

（…）村に軍人たちがたくさんいました。父と母がじゃがいも、パンな

サルジャル村の子どもたち（筆者祖母のアルバムから）

ど食べ物を持って家族全員でタルディの方へ行きました。そこでどのぐらい滞在していたのかははっきり覚えていません。5日間ぐらいかな……忘れました。（…）　　　　　　　　　　　　　　　　　　　　　　（女性、1942年生まれ）

（…）1953年、私のカイナル村の住民を軍人たちが15日間移動させました。そのときにも爆発がありました（…）。　　　　　　（男性、1937年生まれ）

（…）1953年にバカナスで15日間過ごしました。軍人たちは訓練をすると言っていました。当時私は核実験の被害について何も知りませんでした。爆発を見ました。爆風と光を感じました。村に戻って来てから汚染された野菜を食べ、水を飲んでいました（…）。　　　　　（女性、1939年生まれ）

（…）軍人が来てタルディ村に移動させられました。いつ戻ってくるかは分からなかったです。タルディにいたときも爆発を見ました。家に戻って来た時は猫たちが死んでいましたし、窓ガラスが全部割れていました（…）。　　　　　　　　　　　　　　　　　　　　　　（女性、1945年生まれ）

（…）移動させられた時は村の祖母たちが悲しんで泣いていました。戦

争だと思っていました。私の村サルジャルでは羊も一緒に連れて移動した人が多かったです（…）。

（女性、1940年生まれ）

（…）1953年8月の強制移住の話を父から何回も聞いたことがあります。彼らは村を出たくなかったのです。家、家畜、そして先祖のお墓を残して、自分たちがどこへ何のために行くのかが不安でした。軍人たちが強く命令したので、仕方がなく移動したそうです。

父は、村に戻って来た時は全部が変に感じられたと言っていました。屋根が落ちていた家もいましたが、村中の犬の様子が変だったと聞きました。細くなり、毛が抜けていたそうです。それから、雨が降った後に水溜まりが汚い緑色だったと言っていました（…）。

（男性、1958年生まれ）

「秘密を守ることが何よりも大事だった」──早期帰還の理由

この1953年の水素爆弾の実験によって、アバイ地区とアブラリ地区を中心に核実験場周囲を高線量の放射能が襲った。

にもかかわらず、移住された住民はわずか9日間後に自分たちの村へ戻されたのである。その原因は何だったのか。また、強制移住という安全対策がその後一度も採られていなかった理由は何だろうか。

以下はこれらの疑問を解き明かす元第4診療所（秘密研究所）の医師X氏のインタビューである。

（…）ソ連時代は人の命より国家政策が大事でした。1953年に400キロトンの強力な水素爆弾の実験に備えた準備が行なわれていました。軍産複合体の軍人の全員が住民の避難に反対しました。住民を絶対に避難させないつもりでした。核実験を担当していた特別委員会の中に軍産複合体の職員以外に爆弾の製造に関わった学者たちも入っていました。避難を行なうかどうかが議論され、結果的には、住民を避難させなければ恐ろしい結果になると訴えた学者たちの方が勝ちました。爆発による放射性雲が通過すると予想された地域の住民を、実験場から比較的離れている場所へ移住させることが決定されたのです。

アブラリ地区の住民、1957 年、冬

　実験は 8 月 12 日の予定でしたが、避難は 9 日から開始されました。つまり、実験の 3 日前からです。ただし、この 3 日間に住民が強制移住させられているとの話がカザフ全国に広がりました。それまでも数回訓練があったけれど、避難はなかったでしょう。すべてが静かで、誰も何も知らなかったので、みんなが問題なく生活していました。

　しかし、3 日間でこの情報をみんな知ってしまった。この情報は、首都アルマ・アタ（Alma-Ata）[10] までも、カラガンダ市（Karaganda）までも流れたのです。そして、この 3 日間で広がった噂で世論が混乱を起こし始めました。セミパラチンスク地域で軍人が危ないことをやっているのではないかという疑問が人々の間で生じました。そのため、高線量の放射能汚染にもかかわらず、すべての安全対策が無視され、2 ヶ月間避難させられる予定だった住民は、9 日間後の 8 月 21 日に地元に戻されたのです。

　秘密を守ることが何よりも大事でした。カラウルの住民も、サルジャルの住民も、カイナルの住民も、みんな戻されたのです。現地の放射線量はものすごく高かった。でもそのことはもう関係なかったのです。

　その後、どんなに大変な実験を行なっても、委員会では住民の移住につ

10　ロシア語による当時の旧称。

いての話は一切出ませんでした。あのときが最後でした。秘密を守るためです。核実験は安全だという政府がつくった考えを守るためです（…）。

　この後、1953年8月の水素爆弾の威力を超える強力な爆弾の実験（1955年11月22日：1000キロトン）も含めて、次々に開発される核爆弾の実験は1989年まで続き、その間、住民の安全な地域への移住は一度もなされなかった。大気圏核実験が行なわれた1949年から1963年まで200万人以上の住民が複数回にわたる高線量・低線量の外部被ばくとともに、放射性降下物の吸入や食物を介した内部被ばくにより、低線量放射線の反復慢性被ばくをした。そして、1963年から25年間続いた地下核実験による放射性ガスの定期的な放出によりその被ばくがさらに続いたのであった。

4．健康悪化と環境汚染の始まり
――「真実を知り、自分の悲惨な運命を理解しました」

核実験による影響の自覚
　セミパラチンスク核実験場近郊住民の健康状態の悪化と環境の異変について、カザフスタンの学者たちは1950年代にすでに理解していた[11]。しかし、彼らによる調査結果は機密にされ、さらなる調査が禁止された。1956年から1987年までの間、セミパラチンスク州において白血病による死亡率が3倍に増加した。生まれてくる子どもたちの障害発生率と住民の自殺率も増加し、1960年から1988年までに奇形児の出産率が11.8％から19.2％までに増えた[12]。このような状況を踏まえた住民は異変に気付いていたのが当然だが、それが核実験の影響であることをようやく明確に理解し始めたのは1980年代後半であった。

11　Атчабаров Б.А., «Радиоактивность внешней среды и состояние здоровья населения и сельскохозяйственных животных в центральном казахстане», Академия Наук Казахской ССР Институт Краевой патологии, Алма-ата 1958г.

12　И.Я. Часников Эхо ядерных взрывов, Алматы 1998г.,стр.29-30.

　核実験場が閉鎖された直後、住民は自分たちが置かれている状況のすべてを理解したように感じていた。ところが、最も被害を受けた5村＝カイナル、カラウル、サルジャル、ドロン、ズナメンカの住民でさえ、ポリゴンについて当時は何を知っていただろうか。彼らが把握した情報は、80年代後半に始まった「ネバダ・セミパラチンスク」国際的反核運動（第8章で後述）の集会で発表されたことと、テレビ、ラジオなどマスコミから聞いたことに過ぎなかった。彼らは、セミパラチンスク州政府とソ連軍産複合体の対立や1956年のカザフ独自の調査とその結果についてまだ何も知らなかったのである。

　この時は、セミパラチンスク市を始め、核実験場近郊に生活していた住民がさらされた運命の悲劇の規模をまだ誰もが理解していなかった。核実験の影響は、被ばくした住民第1世代より、彼らの子孫に当たる第2世代と第3世代において最も強く現れた。言い換えると、最も悲惨な事態は後世代に引き継がれ姿を現し始めたのである。それは民族の遺伝子が打撃を受け、破壊されたということである。住民は核実験が止まってから20年以上経つ今になってから、その被害の実際の規模について理解し始めたのであった。

変わり果てた美しい風景

　「プロローグ」で触れたように、セミパラチンスク地域の美しい自然は、古代から歌人や思想家に感動を与え、多くの作品を生み出した。無限の青い草原は人々に喜びを与え、丈夫な健康と遊牧民ならではの豊かな精神を育んできた。この地域は、狼、狐、山羊、鷲、鷹など多くの野生動物と鳥の生息地でもあった。

　カザフスタンの東北に位置し、冬は厳しいけれども、夏になると薬としても使用される珍しい植物と青草が多く生え、人間も動物も生活しやすかったのである。デゲレン山に囲まれたカイナル村はアブラリ岩山の底に位置し、アブラリ地区の中心地であった。ここは羊、牛、馬など家畜の放牧のために最高な場所であった。デゲレン山は標高900メートル、直径20キロメートルの山で、カイナル村を過酷な冬の風から守ってくれる、

ここで生まれた人々にとって誇りの山であった。山の周辺は、夏の牧草地や越冬地として最適だった。

　現在はこれらの風景を地域の高齢者が語る思い出からしか想像することができない。核実験の破壊的な力はかつて生命力に満ちていた大地を壊した。井戸と泉の水が枯れ、小規模な川は無くなった。野生動物がいなくなり、環境は取り返しがつかないほど汚染されてしまった。

　核爆弾の製造に携わったソ連の学者の一人は、1949年の核実験のことを次のように思い出す。

　（…）核実験後、電柱のステップ（はしご）に止まっていた鷲と鷹の様子は恐ろしかった。毛が黒く焦げ、目が白くなってしまっていた。私たちが近づいても動こうとしなかった（…）。

　核実験の開始は、セミパラチンスク地域の動物と自然にとっても悲劇の始まりとなった。核実験場周辺地域の汚染については、1954年から行なわれているカザフスタン気象庁の業務によって残されたデータが証明している[13]。核実験による環境と農業への影響は多面的に広がり、被害は変化しながらいまだに続いている。

「普通」となった異変

　自然の変化に敏感なカザフの人々は早い段階で環境の異変に気付いていた。しかし時間が経つにつれてこれらの変化は異変ではなく、この地域の特徴、つまり「普通」の現象となってしまうのである。

　（…）様々な核実験の影響によって我が大地は大変な悪影響を受けまし

13　А.Ю. Жанадилов, Г. Жанадилова «Влияние ядерных испытании на окружающую среду в регионе Семипалатинского испытательного полигона», Материалы международной научно-практической конференции «Эхо полигона и мир без ядерного оружия», 2009г. стр.108-109.

た。雨が降らなくなりました。降っても、地面に溜まった雨水が緑色だったのを覚えています。また、春にやってくる鳥が来なくなりました。冬に降る雪は真っ白ではなく、黄色でした（…）。　　　　　　（男性、1958 年生まれ）

（…）雨がめったに降らなかったので、子どもの時は溜まった雨水で遊んでいました。緑色だったのをよく覚えています。それから、家畜を放牧のために村の外に出していた時はいつも動物の死体をよく見たことも覚えています。鷲、ウサギ、ホリネズミ、狐、狼などです（…）。

（男性、1960 年生まれ）

（…）私たちの庭にリンゴの木がありました。夏はリンゴの色が茶色になり、その後真っ黒に変わっていました。村の木々の葉の色も変わりました。実験場に向いている方は茶色で、向いてない方は緑色でした（…）。

（女性、1955 年生まれ）

（…）アブラリ地区の野生動物はこの地域の誇りでしたが、核実験が始まってからほとんどがいなくなりました。牧草地に行った時に野生の山羊の毛が抜けているのを見ました（…）。　　　　　（男性、1954 年生まれ）

（…）核実験が始まってからいつも強い風が吹くようになりました。天気が変わりました。毛の抜けた犬と猫がたくさんいました。このような現象は、私たちに核実験の悪影響を感じさせました（…）。

（女性、1948 年生まれ）

（…）私たちは子どもの頃に畑で野菜を植えていました。畑の世話をする両親を手伝っていました。玉葱、大根、にんじん、じゃがいも、トマト、キュウリを植えていました。井戸からの水を使っていました。いつも大量の野菜が採れたのです。でも、そのときすでに核実験が始まっていて、爆発がありました。私たちは幼かったので、核のことを知りませんでした。大人なってから、核によって野菜と土壌が汚染されることを理解しました。

畑の野菜をそのまま食べていました。洗わないで食べたときもありました。お母さんは、洗って食べるようにいつも注意していたのを覚えています。

　庭の野菜はとても大きかった。たとえば、トマトは1個だけで1キロ以上ありました。1メートル以上あるかぼちゃを転がしながら家まで持って来たのを覚えています。その大きさにみんなが驚いていました。トマトの成長がとてもはやかった。

　両親は家畜と鶏を飼っていました。私たちは汚染された野菜を食べ、汚染された草を食べていた家畜のミルクを飲み、肉を食べて生活をしていました（…）。

（女性、1953 年生まれ）

　（…）核実験場内の草が普段より長くて良かった。夏はいつも特別な許可を取って、その草を取りに行っていました（…）。（男性、1963 年生まれ）

　（…）良い天気の昼間に畑の方で楽しく遊んでいました。核実験による地面の揺れを感じていましたが、全く気にしませんでした。すでに慣れていたからです。家が林の中にあったので、そこにある果物の実をいつも食べていました。様々の草を回収し、植物の根も食べていました。それは全部土の中で育つものです。家の庭から採れたじゃがいもと人参がとても大きかったです。2キロもあったじゃがいもを学校の展示会に持って行ったことを覚えています。

　私たちは汚染について知りませんでした。誰からも何の説明もありませんでした。親は野菜を食べる前に洗うように注意していただけです。今になって、あの頃に食べていた野菜と一緒に病気のもとを体に取り込んでいたことが分かります。野菜が汚染されていたからです（…）。

（女性、1963 年生まれ）

　（…）雨が降った後に急いで庭の野菜に水やりをしないと収穫は無理でした。野菜は瞬間的に黄色に変わってしまうからです。水を注いだ後に溜まる水の色は緑でした（…）。

（女性、1956 年生まれ）

（…）地面に黄色の埃が溜まり、息をするのがきつかったです。訓練が行なわれた次の日はいつもその黄色の埃が村中に広がっていました（…）。

（女性、1948 年生まれ）

動物の異変

また、家畜と動物には以下のような変化が見られたのである。

（…）私はデゲレン山の方にある牧草地で働いていました。爆発後は羊が死ぬことが多かったです。生き残った羊も毛が抜け、病気になっていました。牛と馬の毛もよく抜けました。当時はその原因を知りませんでした。皮膚病だと言われていましたが、皮膚病の際に見られる皮膚表面の傷やアトピーのようなものはありませんでした（…）。　　（男性、1957 年生まれ）

（…）私がサルジャル村に住んでいた時に飼っていた牛から、後ろ足が 3 本ある子牛が生まれました。他の家族の家畜にも奇形がありました。それから、村の犬の様子がどんどん悪くなったのです。元気な犬はいなかったと言っても過言ではないと思います（…）。　　（女性、1960 年生まれ）

（…）1968 年にセミパラチンスク市の獣医大学に入学しました。夏休みの時に私たち学生 20 人はコルホーズでの仕事のために核実験場周辺にあるチュバルタウ（Chubartau）地区へ派遣されました。1 ヶ月以上草をとる作業をしていました。

その時に村の動物が変だと気付きました。たとえば、障害をもった犬が多かったことです。牧草地ではほとんど全部の毛が抜けた羊がいました。現地の住民はそのような羊を古いコートやセーターなどで巻き、太陽による火傷から守っていました。

あの時は私たちが核実験場のテリトリーまで草を取りに行かされました。セミパラチンスク市に戻って来てから 20 人のほとんどに白髪がたくさんできたことに気付きました。カザフ人の学生の白髪が特に目立ったのです。彼らは髪の色が黒いから（…）。　　（男性、1951 年生まれ）

（…）私の家族はウサギを飼っていました。ある日の朝にウサギ小屋に行って見たら、全部死んでいました。これは核実験のせいだったと思います（…）。

（女性、1955 年生まれ）

（…）当時の思い出の一つは、学校のクラス全員でウスチ・カメノゴールスク市の博物館で見た 2 つの頭を持って生まれた子牛の頭蓋骨です。何と説明されたのかは覚えていませんが、恐ろしかったです（…）。

（男性、1951 年生まれ）

（…）1959 年にセミパラチンスク市獣医大学を卒業し、アバイ地区の獣医として働きました。この地区の主任獣医として 30 年間も勤めました。アバイ地区とアブラリ地区の家畜と馬は核実験場内にあるデゲレンにいました。そのため、私は毎年夏と冬の数ヶ月を核実験場で過ごしました。核爆発を何回も見ました。私たちに悪い影響をしていることを感じていましたが、誰もが何も言えず、沈黙していただけです。

1960 年代にアックブラックソフホーズにいた羊 4 群れの毛が抜け落ちました。原因は不明でした。当時は何も知らなかったので、全部を食肉用にしました。それから、カイナル村近隣のソフホーズでは 200 頭の馬が 2、3 日で死んでしまいました。別のソフホーズでは 2000 頭の羊が 1 日で目が白くなってしまいました。同じような現象は他の村々でも見られたことを何回も聞きました（…）。

（男性、1937 年生まれ）

農業発展への影響

核実験がセミパラチンスク地域住民の生活環境に与えた悪影響は、住民の健康を壊したことだけではなく、地域の農業発展にも見られる。

2008 年にセミパラチンスク国立大学の学者たちがセミパラチンスク地域の放射能汚染されたテリトリーにいた動物の肉とミルクの調査を行なった結果、ウラン 238、セシウム 137、ストロンチウム 90、プルトニウム

239、ラジウム 226、カリウム 40 の有害物質が発見された[14]。これらの物質が体内に存在すると細胞異変を起こし、動物の血液病、癌、そして生まれてくる動物の子どもに奇形を及ぼす。このような異変は、動物の品種をも壊していく。不完全な動物や不健康な動物の誕生によって、酪農は大きな損害を受ける。

　旧セミパラチンスク核実験場とその近隣の最も汚染されたテリトリーは、多種類の動物、鳥、魚の生息地、繁殖地に位置している。放射性物質はこれらの動物を通じて家畜に移動し、さらに家畜から人間の体内に移ることが深刻な問題になっているのである。

5．蝕まれた心身、自殺

1956 年調査で確認された症状──「カイナル症候群」

　「カイナル症候群」。この不思議な言葉はセミパラチンスク地域で 1950 年代後半に初めて、限られた人数の専門家たちの間で言われ始めた。その頃、セミパラチンスク市付近の草原では、10 年前に始まった大気圏核実験が頻繁に行なわれるようになっていた。時間が経つにつれて、草原の住民は繰り返される核爆発に慣れてきた。核実験は彼らの生活の一部になった。

　1956 年にカザフ・ソビエト社会主義共和国科学アカデミーの管轄の下で、若手学者や医師からなる調査団がセミパラチンスク核実験場近郊村々の住民と環境の調査を行なった。同調査の目的は、地域の住民、家畜と環境への核実験による悪影響を確認することであった。

　調査団は核実験場から 30 ～ 100 キロメートル離れた 4 村、つまりカイナル、カラウル、サルジャル、ドロンを調査対象村として、そしてカイナル村から 200 キロメートル離れたカラガンダ州の 1 地区を比較地域として

14　Х.Жумабекова, С. Оразалиева «Факторы радиоактивного загрязнения на Семипалатинском испытательном полигоне», Материалы международной научно-практической конференции «Эхо полигона и мир без ядерного оружия», 2009г. стр.112-113.

決定し、2年間に渡って6000人以上の住民の検査を行なった。

調査の結果、4村の住民に見られた皮膚の破壊や早期老化などの障害、爪の割れ、さかむけ、脱毛の発症率は、比較地域より30～40倍多かった。これらの症状の中では脱毛が特に多く、主に若い男女に見られた。高齢者は常に帽子やスカーフを被る習慣によってこのような症状を避けることができたと判断された。

憂鬱状態とだるさもこの地域の住民に特有なものだった。他にも、それまで知られていなかった独特な病的徴候の複合症状が発見された。その特徴は、無気力状態、貧血、高血圧、白血球減少症、リンパ細胞症とリンパ球減少症、歯茎、粘膜、鼻、腸の出血などの病気だった。また、住民の90％に血液凝固因子の減少が見られた（比較地域−10％）。

これらの地域の住民に見られたもう一つの変化は早期老化であった。彼らの内臓器官と神経は、被ばくの影響を受けていない地域の10～15歳年上の人のものに相当した。

調査団はこれらの新しい複合症状は、急性及び慢性の放射線作用の結果であると推測した。これらの諸症状は検査された住民の60％以上に確認され、その症状が発症する患者が最も多かった村の名にちなんで「カイナル症候群」と呼ばれた[15]。

しかし、当時の機密政策によりさらなる調査が禁止されたため、住民の治療や安全対策は行なわれなかった。これにともない、「カイナル症候群」という概念は忘れられていったのであった。

現在──第3世代でさらに悪化する乳児死亡率

しかし、上記調査から数十年経った1980年代の軍産複合体との対立の時期に「カイナル症候群」は住民に再び強く現れた。当時、この症候群が

15　Б.Атчабаров, «Радиоактивность внешней среды и состояние здоровья населения и сельскохозяйственных животных в центральном казахстане», Академия Наук Казахской ССР Институт Краевой патологии Алма-ата 1958, стр.414-458.
К.Б. Бозтаев Синдром Кайнара, Алматы 1994г.

人間の命を奪う破壊的な力を持つことが明らかになった。

　現在はセミパラチンスク地域住民の健康状態は、カザフスタン国内で最も悪い。

　セミパラチンスク核実験場の影響により被ばくした住民の1990年当時の数は約170万人であり、その中で高線量被ばくをしたのは6万7000人と推測されている。6万7000人のうち2万7000人が生き残り、彼らの第2世代は3万9600人、第3世代は2万8900人である[16]。

　核実験が開始した1949年から2～3年後には地域の乳幼児死亡率が急激に5倍上がった（新生児1000人中、約100人が死亡）。この数字は、核実験開始から14年が経って大気圏核実験の中止後に下がるが、1970年代にまた急激に上がった。

　1980年代後半、物理学者のチャスニコフ（I. Chasnikov）は、1970年代にセミパラチンスク地域で見られた乳幼児死亡率の増加（1975年にピークに至る）について、大気圏核実験が終わってから（1963年以降）生まれ、1950年代に外部被ばくした祖父・祖母を、そして大気圏核実験による放射性降下物によって食物が最も汚染されていた1964～1965年に内部被ばくした親（第1世代）を持つ、第2世代に見られる被ばくの影響であったことを指摘した。またこの傾向は、90年代から生まれてくる第3世代にもっとも強く現れることを推測した。

　彼の推測は正しかった。奇形児、障害児、知的障害児の出生や小児癌、心臓病の発症率は第3世代に最も多く見られた。1988年にはセミパラチンスク州の乳幼児死亡率は、同年のカザフスタン全体の乳幼児死亡率を18％上回ったのである。現在の東カザフスタン州では先天性の障害を持って生まれた子どもは1990年の187.7から2004年に326.4（58％）まで増加した。また、被ばくの影響による遺伝子異変は今後の世代にも伝わり、2010～2020年にピークを迎えることがロシアとカザフスタンの学者に

16　Материалы международной научно-практической конференции «Эхоо полигона и мир без ядерного оружия», Семей, 2009 г. стр. 8-12.

よって予測されている[17]。

　国立放射線医学環境研究所のデータによると、旧セミパラチンスク核実験場周辺地域に住む住民の 70 ～ 80％は「カイナル症候群」の主な症状である、免疫不全を患っている（比較地域 5 ～ 10％）。また、眼の腫瘍や、白内障などの眼の病気は、セミパラチンスク地域の特有のものである。セミパラチンスク眼科センターの研究によれば、核実験近郊に住む住民の 2 人に 1 人が眼の問題を持っている。1994 年には核実験周辺 2 地区だけで 130 人に眼の腫瘍が見つかったのである[18]。

　東カザフスタン州の旧核実験場に近い地域の一般的な病気の発生率は、同州の他の地域に比べて 2.5 倍高い（1996 年）[19]。

17　Материалы международной научно-практической конференции «Эхоо полигона и мир без ядерного оружия», Семей, 2009 г. стр. 130-135.

18　К.Б. Бозтаев Синдром Кайнара, Алматы, 1994г. стр. 40-68.

19　Материалы международной научно-практической конференции «Эхоо полигона и мир без ядерного оружия», Семей, 2009 г. стр. 130-135.

第4章 「実験台」としての住民、治療なしの診察・入院

1．意図的に残され、被ばくさせられた人々

「実験台」にされた住民の噂

　セミパラチンスク核実験場周辺住民の証言によれば、強制移住の際にカラウル村、カイナル村、サルジャル村と他の小規模の村々で実験用に意図的に残され、被ばくさせられた人々がいた。筆者は 2003 年からこの問題に関心を持ち、正式な関連資料をカザフスタン共和国内の資料館、図書館で検索したが、このような証言を証明する資料は見つからなかった。

　しかし、筆者の 2009 年、2011 年、2012 年の調査過程で、この奇妙な話題に触れなかったインタビュー相手はほとんどいなかった。「実験台」にされた住民の話は核実験場周辺では次々と伝わっていた。以下はそのような証言の一部の事例である。

　（…）私たちのカラウル村では核実験の前に（1953 年）住民が移住させられましたが、実験のためにわざと 40 人が残されました。彼らは 40 ～ 55 歳までしか生きませんでした。みんなウサギのように実験に使われたに違いありません（…）。　　　　　　　　　　　　（男性、1956 年生まれ）

　（…）ソ連時代は核実験のときにわざと人々を残して、実験をやっていました。軍人は彼らにお金を払い、ウォッカを飲ませたそうです。この話は何回も聞いたことがあります（…）。　　　　　　　（男性、1963 年生まれ）

　（…）ＸＸＸさんのお父さんは、1953 年の核実験の際にカイナル村で意

図的に残された42人の1人でした。彼らはすでに亡くなっています。全員が癌で亡くなりました（…）。　　　　　　　　　　（男性、1958年生まれ）

（…）カラウル村で40人が残されましたが、他の村でもそのような人々がいたと聞きました。実験された人々は病気に苦しんでいて、自然死で亡くなった人は、1人もいませんでした（…）。　　　　　（女性、1957年生まれ）

（…）1953年には訓練があったため、軍人たちが私たちを車でアヤゴズ村の近くまで移動させました。15日間ぐらい滞在してから、村に戻りました。そのときは、40人が移動させられずに残されて、爆発の近くまで連れて行かれたと聞きました。彼らのほとんどの家族では奇形児が生まれました（…）。　　　　　　　　　　　　　　（女性、1947年生まれ）

（…）核実験を行なっていた軍人は「アルコールを飲めば大丈夫」、「核実験は害がない」と言っていたので、その40人の中でアルコール中毒になった人もいました（…）。　　　　　　　　　　（女性、1952年生まれ）

（…）サルジャル村でも、1953年にわざと残された人々がいたそうです。その後、彼らは毎月健康診断を受け、セミパラチンスク市内にある病院にも入院しました。でも今は誰も生き残っていません。全員が白血病や癌で亡くなりました（…）。　　　　　　　　　　　（男性、1956年生まれ）

（…）旧ソ連時代、核開発は国家機密として秘密裏に進められました。被ばく者たちは沈黙を強いられました。いつも実験を行なう前に村に軍人たちがやって来て、「訓練」があると言い、外に出るように指示していました。これだけではありません。核実験場周辺の村々では実験に使われた人がたくさんいます。たとえば、1953年にはアバイ地区の住民が強制移住させられましたが、その際に意図的に残された人々もいました。彼らは実験用のウサギの役割を果たしたのです（…）。　　　（男性、1960年生まれ）

残された人々は実在したのか──3村でのインタビュー

　これらの証言は住民の単なる幻想なのか。それとも、軍産複合体のもう一つの隠密作戦だったのか。ソ連政府はセミパラチンスク核実験場近郊住民を、核実験のモルモット同然に、非人道的に扱ったのではないか。政府は核爆弾の威力と影響を確かめるのに建物から家畜までを実験台にしていたのだが、人体実験も行なわれたのではないのか──。

　この問題に関する研究はこれまで皆無であるが、人体実験の疑いが長年にわたり核実験場近郊の多くの人々を悩ませ、精神的なトラウマとなっている。一方で、このことに関しては、意図的に残されたのではなく、避難が間に合わなかっただけであるという意見も存在する。

　筆者は、1953年8月に住民が強制移住された地区に属していた3村＝カイナル、カラウル、サルジャルで避難させずに意図的に残されたと思われる人々の親族を探した。

　カイナル村の住民と病院院長のインタビューによると、この村では42人の男性が残され41人が癌で死亡した。最後に生き残っていた一人も皮膚癌になり、東カザフスタン州以外の場所に住んでいる子どもが介護のために連れて帰ったということである。

　サルジャル村の住民にインタビューを行なったところ、この村で核実験時に残された人の確かな数は不明であった。住民が覚えている範囲の人々はすでに死亡しており、その親族はこの村には残っていなかった。

　カラウル村の病院の院長にインタビューを行なうことが出来、1953年8月に強制移住されたアバイとアブラリ地区に含まれた村々では合計200人以上が残され、以前は全員の名簿が病院に保管されていたことが分かった。しかし、現在はその名簿は失われていた。カラウル村に残された40人もすでに死亡していた。彼ら全員の死因が癌であったことを院長は認めている。

2．たった一人の生き残りが残したメモ

「これはジェノサイドである！」──残されたメモ

　筆者は、カウラル村で意図的に残された40人の1人であったTさんの長男にインタビューを行なった。

　Tさんは1925年生まれで、1953年には28歳であった。彼は1995年に癌で死亡しているが、当時の経験について多くの記録を残した。

　以下はその一部である。

　──私はカラウルの村役所で会計士として働いていた。1943年から1945年まで第2次世界大戦に参加し、我が国家のために戦った。我が国家を信頼し、大好きだった。

　1953年8月11日、ヘリコプターで軍人が村にやって来た。軍人たちは「これから避難訓練を行なう」と言い、村役場前広場に住民を全員集合させた。ほとんどの住民はトラックで移動させられたが、私たち40人は軍人のうち1人の将校に名前を読み上げられ、村に残るよう命令された。40人のうち1人は女性であった。全員が20〜30代で、村役所、郵便局、学校などの職員であった。説明は一切なかった。

　軍人は私たちをカラウル村から少し離れた核実験場に近い草原に連れて行って、そこで待機するように言った。その後、しばらくしてから爆弾がさく裂した。爆発を全員で見ていた。近くで見たから迫力が凄かった。

　数時間経ってから、軍人たちが戻ってきた。彼らは防護服を着ていた。私たちを軍用ヘリコプターに乗せて、村から30キロ離れた山中で止まった。身体に機械を近づけて何か調べ始めたのである。今になってから分かったが、あれは放射能を測定していたに違いない。

　軍人は私たちに200グラムずつウォッカを飲ませた。移住させた村の他の住民に500ルーブルずつ配られたことも覚えている。私たち40人はもう一度ヘリコプターに乗せられ、村の住民が移住させられた場所へ連れて行かれた。

Ｔさんの長男夫婦と筆者（中央）

　9日間後にみんなで村に戻って来た。その後、私たちはほぼ毎月血液検査を受けるようになった。「これはあなたの安全のためである。健康状態を調べている」と言われていた。

　あの日以来、具合が悪くなった。それまではたくさん働いても疲れなかったが、常にだるさを感じるようになった。他の男性たちの中で髪の毛すべてが1日で抜けた人もいた。歯が取れた人もいた。軍の命令で残された40人の中の8人が病院へ出頭を命ぜられ検査を受けた。4人がモスクワ、3人がセミパラチンスク、私はレニングラードに行かされた。セミパラチンスクに行った3人は第4診療所で検査を受けた。

　私は血液検査やレントゲン検査などいろいろ調べられた。でも、なぜ検査するのかは全く説明がなかった。10日間位入院したが、治療はされなかったし、薬ももらってなかった。その8人の中で私以外の7人はすでに死んだ。親友は、「モスクワの大病院で検査を受けたが、治療済と書いてある紙1枚だけを渡された。身体がだるくても、治療は施されなかった」と言っていた。彼はその半年後に癌で亡くなった。

　その後も、たくさんの検査を受けた。私たちは「実験台」にされた！これはジェノサイドである！　私の人権が壊され、人間としてのプライド

が傷つけられた！　　　　　　　　　　　　　　　（カザフ語のメモより筆者翻訳）

反核運動への参加

　Tさんは、住民が核実験の悪影響を理解し始めた1980年代から、亡くなる1995年まで反核運動に積極的に参加した。彼はソ連政府に自分が「実験台」にされたことを訴える手紙を5年以上送り続けた。一度だけ返事が届き、検査のためにモスクワに招待されたが、彼は暗殺を恐れて拒否した。

　Tさんの長男によれば、父親は国家保安委員会（KGB）の職員にも圧力をかけられたが、80年代後半に「ネバダ・セミパラチンスク」国際的反核運動が始まり、全国で反核実験の波が起きたので助けられたのである。

　（…）村の活動家として残された40人の中にいた父親は、みんなと住民の避難に協力を行ない、実験による爆発を目撃して、その被害を人生の終わりまで身をもって経験してきたのです。彼は定年退職してからの人生を反核運動のために使いました。当時は真実が秘密にされていました。

　4年前に戦争から戻ってきたばかりだった父親は、1953年当時、ほんの28歳の若者でした。そのため、核兵器が国家のために必要なもので、また戦争が始まったら、我々は強くなければならない、と誤解していたそうです。

　本人らの話によれば、後になってから体調が悪くなり、同じ仲間や親族が病気で亡くなっているのを見て、核実験が要らないということ、世界中にある核兵器が要らないということを心と身体で感じたそうです。だから彼は亡くなるまで、全世界から核兵器をなくすためにたたかいました（…）。

　　　　　　　　　　　　　　　　　　　　　（Tさんの長男、1955年生まれ）

40人の名簿

　Tさんは1990年3月19日の日付で、1953年8月に意図的に残されたと思われる40人の名簿を書き遺した。そこには40人の個人名、職業と1990年3月の時点までに他界した人の死因と死亡した年月日が記載され

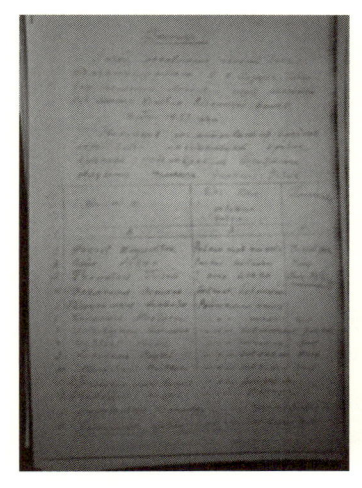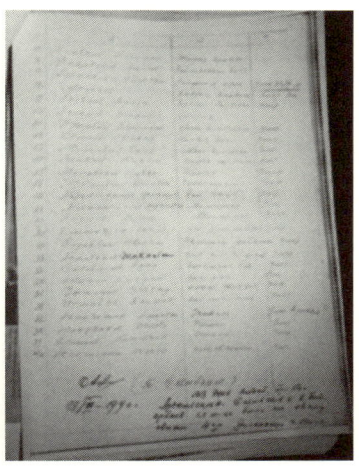

1953 年 8 月に意図的に残されたと思われる 40 人の名簿
出所：T さん作成（筆者撮影）

てある。

　1 枚目の名簿の上には次の内容が書かれている。

　——1953 年 8 月 5 日（作成者による日付のミス、実際は 12 日）に行なわれた水素爆弾地上核実験にともなうカラウル村の全住民の移住のときに「実験用のウサギ」として危険なゾーンに残された人々の名簿。移住は、人間を危険な線量の被ばくを受ける可能性から防ぐための最終手段として見られる。

　そして、2 枚目の最後に、以下のことが書き加えられている。

　——これらの人々の中の A さん、T さんと B さんは 1954 年 7 月にセミパラチンスク市内の第 4 診療所で 1 ヶ月半に渡り健康診断を受けた。

3. 旧第 4 診療所の役割

1957 年の設立と「10 日間制度」

　1953 年に避難させられなかった人々だけではなく、核実験場近傍に住んでいた人々を中心に旧セミパラチンスク州の全住民が、自分たちが「実験台」にされられたと考えるもう一つの理由が存在する。

　旧ソビエト連邦保健省は、モスクワの生物物理学研究所を中心に、1957 年に旧核実験場周辺住民の放射線被ばくの影響を調査するためにセミパラチンスク市内に「第 4 診療所」を設置した。

　この診療所は、表向きは「ブルセラ病対策診療所」（Antibrucellosis Dispensary）とされたが、実際はセミパラチンスク州の住民の健康状態に関するデータの収集を 34 年間も行なっていたのである。この診療所では住民の治療は行なわれなかった。

　1991 年にカザフスタンがソビエト連邦から独立したことにともない、この診察所は、国立放射線医学環境研究所（Scientific Research Institute for Radiation Medicine and Ecology）となった。

　セミパラチンスク市をはじめ、セミパラチンスク州のほとんどの住民が第 4 診療所で一度は診察を受けたことがある。住民の証言から、診療所が開設されてから「Onkundik（カザフ語：10 日間制度）」という決まりが存在したことが分かった。これは第 4 診療所に 10 日間入院して診察を受ける制度であった。診察に行くための通知が職場に届き、住民は 10 日間も休みが取れることを喜んでいた。

　筆者はこれらの資料を見て、住民の健康状態のデータは診療所が設立された当時から核実験が中止されるまでの長年にわたって集積されており、データは村ごと、そして家庭ごとに整理されていることを確認した。例えば、病気で亡くなっている男性の総括的なデータには、その男性の子ども、孫のデータまでも集められていた。処分対象とみなされてカザフスタンに残された資料がこれだけ重要なデータであれば、当時モスクワに持って行かれた資料は一体どれだけのデータを含んでいたのか。

また、診療所の職員がセミパラチンスク州の村々を回り、現地で血液検査などを行ない、住民の健康状態に関するデータを定期的に集めた。ここにあった資料（住民のカルテ）のほとんどがソ連崩壊後にカザフスタンから持ち出され、不要と判断された分に関して処分が決断されるが、当時の現地職員らによって秘密に保存された。それらの資料は、現在の国立放射線医学環境研究所の研究に役立っている。

医師へのインタビュー

筆者は旧第4診療所の医師へのインタビューを通じて、この施設の役割について詳しい情報を得ることができた。同医師は、ほぼ診療所が建設された時点からソ連が崩壊するまで勤務していた。彼は、この施設で具体的にどんなことが行なわれていたのか、そしてそこではどのような目的でどのような情報が密かに集められていたのかを語った。

（…）核実験の開始後、実験場周辺のテリトリーと住民をコントロールする必要が発生しました。1953年に強制移住がなされてから人々は実験に抵抗し始めたので、政府がすべてをコントロールしている様子を見せなければならなかった。

秘密診療所は1956年にウスチ・カメノゴールスク市で建設され、1957年にセミパラチンスク市に移されました。私たちは住民に診断結果を渡していましたが、病気の理由については説明しませんでした。それは禁じられていたからです。診療所は、住民の健康状態の診察とテリトリーの汚染状況のコントロールのためにありました。治療自体は実施されていませんでした。

私たちの診療所から退院する人は、自分が高血圧症、局部貧血などの病気を持っていることを分かっていましたが、それが放射能、核実験場に関連していることは知りませんでした。

核実験の影響を否定する一方で、放射能の人体への影響の研究を続けていた理由は、当時の国家の政策にあります。（…）当時の医学はいつも高いレベルにありました。×××など多くの人は、この問題に取り組んでい

た偉大な学者、科学アカデミー会員でした。ですから、診察と診断決定の純粋性と正確性はとても高かったです。放射線生物学、放射線医学自体がこのような取り組みを必要としていましたから。診断結果を研究することで、何が起きるのかを理解しなければなりませんでした。

　ソ連政府は原子力を軍事用だけではなく、平和利用をするための準備も進めていました。具体的に言えば、原子力発電所の建設のことです。一つの原子力発電所に１万人までの職員が集められるので、そこで事故が起きたら職員に何が起こるのかについての知識が必要でした。だから、必要な情報が一粒ずつ集められたのです。放射能の人体への影響について客観的な情報を把握することが大事でした。

　私たちの仕事の仕方と行動に関して、具体的な極秘説明書が存在しました。資料に「極秘資料」というスタンプがあるのは、書いてあることのすべてに素直に従わなければならないという意味でした。私たちは診療所に勤める前に情報を漏らさないという誓約書にサインをしました。どこかで情報を漏らしたら、15 年間の自由が奪われたのです。(…)

　たとえば、ＹＹＹという人を診療所に入院させます。私たちはその人を村から診療所に連れて来るか、呼び出して本人に来てもらうか二つの方法がありました。例えば、その人が 1949 年 8 月 29 日にドロン村にいたことを私たちはもちろん知っていました。それは 100％正確な情報でした。実験当時に本人が村にいたことも、爆発時に家の中、または外にいたことも、実験後 30 日間ずっと村にいたことも、我々が把握している線量の放射線を浴びたことも、すべての情報を私たちは持っていました。

　そして、私たちは学者ですので、その人はどのような結果を迎えるかも分かっていました。癌が発症する可能性もあれば、心臓病なども出てくることが予想されますね。だから、本人が診療所で受けた診断も、私たちが現地で行なった診断も、すべてが計画通りに行なわれていたものでした (…)。

予防戦争の分析
　また、セミパラチンスク核実験場周辺における人体実験の疑惑に関する

セミパラチンスク市、旧第4診療所
出所：筆者撮影（2009 年）

質問に対して以下の内容が語られた。

（…）長年経っても、そのことについて発言するのがまだ怖いです。
1949 年から 1962 年までの期間が、ソ連とアメリカの関係が一番悪かっ
た時期です。いつ戦争が始まってもおかしくない状況でした。そのため、
ソ連は 48 年から、アメリカとの戦争がいつかどうしても勃発するだろう
と推測していました。だから、実際に原爆が落とされたときに、住民がど
うなるかについての知識が必要でした。

　当時の政府がやろうと思えば、核実験を行なう前にあらかじめ住民を移
住させることも、後で戻すことも、準備をさせることもできました。アメ
リカのように放射線による汚染を減少させるために実験を晴れている日だ
けに行なうことも、夏を避けて冬に行なうこともできました。ただし、セ
ミパラチンスク核実験場ではすべてが逆でした。実験は、基本的に収穫の
時期に行なわれていました。雨が降り、激しい風が吹いていた時に行なわ
れていました。実験後、雨と一緒に何が降下するのかを調べるために「興
味深い状況」の時に行なわれていました。

　アメリカ人は核実験を行なうために、晴れた天気を 2、3 ヶ月も待って
いたのですが、ソ連では、実験を行なうために悪い天気が訪れるのを待っ

ていました。

　これらの事実にともない、核実験は、実験の技術的な特徴と核兵器の開発以外に、予防戦争としての目的を持っていたと言えると考えています。つまり、戦争のシナリオを演じるということです。住民はどうなるのか、影響をどのように受けるのかが関心の的でした。もちろん、実験場をセミパラチンスク市からわずか150キロ離れたところに決めたのもそのような理由からです。当時は、小さな予防戦争の分析が一番大切でした。だから、住民が「実験台」だったかどうかという疑問にそれぞれが自分で答えを決めてほしいです。（…）

　セミパラチンスク核実験場は、最初から二つの目的で建設されました。爆弾のテストをして、新しい核兵器を開発するためと、自国の住民を通して核戦争の場合に何が起きるのかを調べるためです。これは絶対に間違いないことです！（…）。

　1953年8月の2地区の強制移住の際、極めて危険な状況にもかかわらず残され、被ばくした人々がいたのはどうしてだろう。全部で何人が残されたのだろうか。そして同様なことは果たして一度限りのことだったのか。

　軍人たちの手抜き仕事によって避難が遅れたなどして犠牲になったのか、または核の影響に関するデータが欲しかった国家の犠牲になったのか──。

　現在はこれらのことを確認するのが不可能である。人体実験の疑惑とそれを訴える住民の証言は、この地域に生きる人々の多くの証言と同様セミパラチンスク核実験場の「正史」から外されている。しかし、その事実は、自分たちがモルモット化されたと考える住民の家族の歴史に永遠に残ることは間違いない。彼らの子孫は、傷付けられた自尊心、壊された遺伝子と非常に深い放射能恐怖症と共に生きている。

第5章　インタビューを振り返って

1.「正史」と住民証言をいかにつなぐか

「正史」を補完する死者の代弁

　世界の人々には、40年間も隠されてきたセミパラチンスク核実験場の歴史を知る権利がある。1991年に同核実験場が閉鎖されてから、次第にそれを知ることが可能になった。

　現在公開されているセミパラチンスク核実験場の「正史」は、我々に多くの真実を語る。そこからは核実験が行なわれていた時代の残酷さ、ソ連の核政策と我が国民への非人道的な扱い、456回の核実験の説明、ソ連軍産複合体と当時のカザフスタン社会の対立、核実験の中止を求めた一般住民の反核運動など、貴重な情報を読み取ることができる。

　しかしながら、セミパラチンスク核実験場の歴史と被害の実相を語るとき、物的資料になるものは非常に少ない。また、「正史」は国家、すなわち権力者によって編纂されるものであるので、そこに載ることのできないことも存在する。

　その一つは、核実験によって多大な被害を受けた住民のセミパラチンスク核実験場の昔と現在にまつわる証言である。

　秘密裏に被ばくさせられ、無念の思いで死んでいった多数の被害者を代弁できるものは、生き残った住民の証言しかない。彼らの重い口から後世に伝えようと語り継がれる証言の数々は、歴史の真実そのものである。そのため、セミパラチンスク核実験場の全体像を把握するために「正史」と住民の証言という両方面からの理解が大事である。

　このような考えから筆者は、本書においてセミパラチンスク核実験場関

連の「正史」とその核実験場の傍らに住んできた住民の証言を通じて、実験場の建設が開始した 1949 年から現在に至るまでのセミパラチンスク地域と住民の被ばく被害体験を描くことを試みた。その結果、核実験が地域の住民と環境に与えた悲劇の規模を解析的にも、そして彼らの心情に寄り添う形でも理解することが可能になった。

住民の証言は歴史的財産である

　住民の証言は「正史」から読み取ることのできない多数の真実を紹介してくれた。

　例えば、核実験に対する人々の反応と解釈、住民が見た人間と動物の被ばくの始まり、外部・内部被ばくの影響、放射能汚染によって変化していく環境と、人体実験の疑惑、強制移住や屋外避難など核実験場側が取った安全対策に関する詳細な情報とその特徴、第 4 診療所の仕事の内容、家族解体、自殺、不安など地域の男女が抱える諸問題と心の痛みなどである。そして一番大切なこと、それは長期的に危険な施設の傍らで生きる人間の悲痛な人生についての理解が深まったことである。

　筆者は、体験者の証言など住民の立場から記録を残し伝え続けることの重要性を再認識した。セミパラチンスク核実験を体験している住民の証言は、カザフスタンのみならず、全世界にとって極めて大きな意義を持つ歴史的財産である。カザフスタン政府は被ばくした住民の証言を重視し、その記録に力を入れなければならないことは言うまでもない。

　彼らの証言は、ヒロシマ、ナガサキの被爆者の証言のように、福島第 1 原発事故など核の被害を受けた地域の研究と住民のケアにも示唆を与えることだろう。

2.「災害の観光者」とならないために

伝達を託されたメッセージ

　筆者の調査中にも、住民は自分たちの健康被害を必死に訴えていた。欧米などからもこの地域を訪れインタビューを行なう人がいたが、彼らのほ

とんどが「災害の観光者」というような立場からの調査にすぎなかった。

　筆者はこのような住民の必死の訴えを目の当たりにして、欧米の調査者のようなただの「災害の観光者」として帰るのではなく、セミパラチンスク市出身の一人として、彼らのことをできるだけ多くの人に伝えることが期待されていると感じた。

　以下はそのような証言の一部である。

　(…) 子どもの頃から核実験の被害を受けて来ました。健康状態は良くありません。夫は42歳で癌になって亡くなりました。5人の子どもがいましたが、3人が癌で死にました。残りの2人も健康状態は良くありません。彼らもよく病気になります。心臓、肝臓、腎臓が痛いです。私はいつも高血圧に苦しめられています。心臓が悪いです。今まで2回手術を受けました。援助して下さい (…)。　　　　　　　　　　　　(女性、1947年生まれ)

　(…) 若い時は爆発を何回も見ました。その影響は今になって現れています。子どもも、孫もよく病気になります。体が弱いです。私は彼らの病気をどうやって治せばよいのか分かりません。自分は胃の手術を受けました。夫は食道癌で亡くなっています。私たちの村では元気な人は一人もいません。家族の中で死者を出していない家はありません。葬式が多いです。毎週数回葬式があります (…)。　　　　　　　　　(女性、1939年生まれ)

　(…) 核実験のせいでサルジャル村の住民の健康は良くありません。障害を持って生まれた子どもは各家庭にいます。私たちは長く生きることはできません。自分はもう仕方がないけど、子どもと孫の病気を見るのが一番辛いです。薬も高いので、買うお金が足りません (…)。

　　　　　　　　　　　　　　　　　　　　　　　　(男性、1945年生まれ)

　(…) ポリゴンは私たちにとって大きな被害を招きました。私の親戚の多くは癌で亡くなりました。子ども3人も心臓病で亡くなりました。子どもが自分より先に死んでいくことが辛いです。誰もがこのようなことを経

験してほしくないです（…）。　　　　　　　　　　（女性、1952 年生まれ）

（…）私は 2 級の障害者です。乳腺癌になり、手術を受けています。皮膚の病気も持っています。夫は心臓の手術を受けました。2 人ともアレルギーがひどいです。どこかが痛まない日はありません。子どもの時から病気ばかりです。全部核実験のせいです（…）。　　　（女性、1963 年生まれ）

（…）私の子ども 2 人は知的障害を持っています。私はもちろん元気な子どもが欲しかったです。でも、核実験のせいでこのような運命になりました。自分もたくさんの病気を持っています。夫は胃癌で亡くなりました。小さい子どももいますので、全部一人で背負いながら生きています。国の援助が足りません（…）。　　　　　　　　　（女性、1964 年生まれ）

（…）私の病気の原因は放射能です。皮膚病に苦しんでいます。娘は精神病にかかりました。息子は自殺しました。妻は白血病で死んでいます。私はいつもだるいです。何もしなくても疲れます。全部核実験のせいです。「ポリゴン」がなければ、私は幸せだったのに（…）。（男性、1953 年生まれ）

（…）孫の 2 人が身体障害者です。両親は癌で死にました。子どもも病気です。私は癌にかかっています。孫の看病をする子どもを手伝うこともできずに死んでいきます。せめてあと数年一緒にいてあげたかったです（…）。　　　　　　　　　　　　　　　　　　　（女性、1965 年生まれ）

（…）核実験は私のすべてを奪いました。夫が癌で死にました。子どもの一人は白血病で死にました。もう一人は自殺しました。私は心臓が痛いです。片目は見えません。いつも血圧が高いです。早く歩いたり、急に立ち上がったりするのが危険だと言われました。当時はこのような病気になることを知りませんでした（…）。　　　　（女性、1949 年生まれ）

（…）姉は 1990 年に子宮癌で死にました。お父さんは白血病で死にま

した。私の子どもは知的障害者です。夫は3級の障害者です。自分は貧血、高血圧と肝臓の病気にかかっています。親戚の中で元気な人はほとんどいません。私たちはずっと村に住んでいました。ここ（セミパラチンスク市）には1998年に引っ越してきました。村にいた時はいつも自然の物を食べ、良い空気を吸っていました。だから、これは全部核実験のせいです。他に身体を壊す原因は考えられません（…）。　　　（女性、1968年生まれ）

（…）私の弟は23歳の頃から歯と髪の毛が抜け始めたのです。医者に診てもらったら、ビタミンをたくさん摂るように言われました。サラダをたくさん食べ、ミルクをたくさん飲んでも治りませんでした。それからしばらくしてから、突然襲われる頭痛のせいで気を失うようになりました。彼は1年後に死にました。今になってからそれは核実験のせいだと分かりました（…）。　　　（女性、1956年生まれ）

（…）私たちは7人兄弟でした。4人が白血病で死にました。1人は食道癌で死にました。私は耳が悪いです。眼も悪いです。子どもたちは若い内から健康が弱いです。孫もよく病気になります。この村では元気な人はいません。探しても見つかりません（…）。　　　（男性、1939年生まれ）

（…）慢性的な病気をたくさん持っています。婦人科系の病気があります。胃も弱いです。貧血もあります。高血圧もあります。10年前に結核になりました。子どもはいません。でも妹の親戚の子どもは障害を持っています。妹も体が弱いです。全部この核実験のせいです。核実験は繰り返されないことを祈ります。若い人は元気でいることを祈ります（…）。

（女性、1950年生まれ）

（…）胃の3分の2を切除しました。放射線の影響かもしれませんが、子どものころからいつも貧血が続き、胃痛に悩みました。胃炎、潰瘍が発症しました。8歳に潰瘍が発症しました。その後、手術を受けました。手術後の体調は大変悪かったです。頭痛と目まいがいつも私を苦しませた。

吐き気もありました。いつも血液検査を受けていましたが、結果はいつも悪かったです。ヘモグロビンがいつも低く、ひどいときは 40 まで下がったこともありました。その後、心臓が痛くなり始め、高血圧症も発症しました。小学校の時に骨の病気に悩んでいました。現在は、心筋梗塞を経験しています。高血圧症もあれば、甲状腺腫もあります。診断センターで診断を受けました。2004 年にリハビリセンター（研究所内の病院のことを意味している）に入院しました。血液検査と甲状腺の検査を受けました。夫は脳血管発作を経験しました。彼も一緒に入院していました。夫の場合、同じように甲状腺が拡大しており、甲状腺腫が見つかりました。その他、肝臓と腎臓に嚢腫が発見されました（…）。　　　　（女性、1950 年生まれ）

　（…）1973 年に右の胸から腫瘍を切除しました。悪性ではないと言われました。その後、左側の胸に腫瘍ができました。同じ 73 年です。入院しないで、家の中で治療を受けました。その後、いろんな診断を受けました。ここに医者さんたちが来た時も、診断を受けました。胸のエコー診察もしてもらいました。2008 年にかかりつけのお医者さんから癌専門病院への紹介状をもらって、胸の診察のために行きましたが、もう 62 歳ということで断られました。60 歳を過ぎた女性は診断センターへ行くように決まっていると言われました。以前、この村の 60 代の女性たちが癌病院で診察を受けたことがあるのを知っていたので、とても悲しくなりました。今までたくさんの人を助けてきたのに、診察を断られました（…）。

（女性、1946 年生まれ）

　（…）小さい頃から病気を持っている子どもでした。あらゆる皮膚病を経験しました。いつも胃の調子が悪く、下痢に悩んでいました。胃痛が続き、潰瘍にかかりました。手術も受けました。1980 年に研究所の病院で診断を受けに行きました。この村の住民全体の健康診断を行なったのです。私は子どもたちを連れて行きました。いろんな検査を受けました（…）。

（女性、1952 年生まれ）

　（…）1955 年に目撃した核爆発の地面から舞い上がったキノコ雲の恐ろしさと大きさを言葉で伝えることはできません。爆発があったところに、大きくて、深い湖ができました。今は、人々がその湖から塩と魚を採っています。その塩と魚を体に取り込んでいる私たちに癌が発症するのは当然です。政府と医療機関は私たちが何を食べて、何を飲んでいるのかについて心配しなければなりません。核実験は私の健康に大きく影響しました。特に、私が育った家族に大きく影響しました。お母さん、お父さん、兄、姉が病気に苦しんで、亡くなりました（泣）（…）。　　（女性、1948 年生まれ）

　（…）核実験は大きく影響しました。この村ではその影響はとても大きかったです。たくさんの人が倒れていきました。基本的には、心筋梗塞などの心臓病、高血圧、癌、麻痺などで亡くなる人が多いです。現在は、この村の人々は糖尿病、乳がん、子宮がんに悩んでいます。核実験の影響による死亡率が高いです。基本的に核実験の被害で亡くなっていきます（…）。

　　　　　　　　　　　　　　　　　　　　　　（女性、1952 年生まれ）

　（…）子どもの頃も身体が弱かったかもしれませんが、学校で勉強していた時は健康に異常があったのを覚えていません。でも、結婚してからいつも貧血に悩んでいました。また、心臓の激しい痛みもたまにありました。結婚してから、体調のだるさ、心臓の痛みを感じるようになりました。病院に行きませんでした。若かったし、仕事と家事で忙しかったです。ある日、医者に叱られて入院させられました。でも、子どもたちも小さかったし、家事もあったので、日中は仕事と家事をして、夜だけ入院させてもらっていました。点滴をしてもらっていたからね。貧血がひどかったので、医師に叱られて無理やり入院させられたのをよく覚えています。当時は、代わりに家事をやってくれる人もいなかったし、子どもたちも小さかったので、健康のことを重視しませんでした。それ以来に入院したのは定年退職してからです（…）。　　　　　　　　　　　（女性、1947 年生まれ）

　（…）夫が病気になった時に自分の体もおかしいと思い始めた。お医者

さんたちがなすすべがないと説明したので、夫を市内の病院から退院させて家に連れて帰りました。夫の看病をしているとき、自分の健康にも大きな問題があることに気付き始めたのです。市内から偉い医師たちが来て住民の健康診断を行なったとき、わたしの診断結果があやしいのですぐに市内の病院にくるように言われました。でも、夫が重い病気だったので、もちろんどこへも出られませんでした。

　夫が亡くなった 1 年後、すこし落ち着いたときに高血圧症がひどくなりました。毎日熱があったのです。だから、村のお医者さんにセメイの放射線医学研究所の病院に行くように言われました。その病院で甲状腺癌が見つかりました。早期段階の癌でした。その後、次々に様々な病気が発症しはじめたのです（…）。　　　　　　　　　　　　　　　　（女性、1954 年生まれ）

　（…）子どもの頃から眼が悪かったです。中学生の時からメガネをかけはじめましたが、眼がどんどん悪くなっていきました（…）。

　　　　　　　　　　　　　　　　　　　　　　　　　（男性、1956 年生まれ）

　（…）高血圧症は 1987 年からの持病ですから、もう 25 年になります。高血圧症と心臓病は核実験のせいで発症する病気です。なぜならば、昔この病気に悩む人は非常に少なかったからです。今は、2 人に 1 人がかかる病気になってしまっています。みんなにとって当たり前のような病気になっています（…）。　　　　　　　　　　　　　　　（女性、1955 年生まれ）

　（…）この先も、何人が核実験に命を奪われていくのか想像もできません。全部核実験の被害です。高血圧症も、心臓病も、すべてが核実験のせいで発症しています。病気を持っていない人はいません。自分は何も怖くないです。怖がってもしょうがないから。私は癌にかかっています。運命に従うしかないのです。核実験のことも、核実験を始めた人も呪います！大勢の命を奪った！　世界にそんな武器の必要はあったのか！　他の方法はなかったのか！　こういった方法で世界の人々のすべてを絶滅させるつもりでしたか!?　我々の子孫が亡くなっていることを、呪います！　被

害は広がっています。核の被害は世代から世代に伝わることをよく理解しています。全部知っています。私たちはもういいですが、すでに様々な病気をもつ若い世代は何歳まで生きるでしょうか？！　小さい子どもたちも、脳の高血圧症に悩んでいます。生まれたばかりの子どもがこんな病気になる原因は他にないでしょう！　世界で核実験がないように、戦争がないように！　どうしてみんな仲良く生きてはいけないのか。何が足らないんですか？　まず、核実験のことを呪います！　若い世代、次の世代の健康が心配です。原爆を作った人々も呪います（…）。　　　　（女性、1948 年生まれ）

（…）子どもたちと孫たちの健康が一番の心配です。カザフ人はいろんな問題を乗り越えてきています。我慢強い民族です。でも、現在起こっていることは大きな悲劇です。病気が世代から世代に伝わっています。自分のことを諦めてから心配はしていません。自分の余命は長いのか、短いのか分かりません。そんなことを別に心配していません。残る子どもたちが健康でいてほしいだけです。国民が健康でいてほしい、生まれてくる世代が健康な世代でいてほしい（…）。　　　　（女性、1954 年生まれ）

（…）核実験に対する怒りがすごく大きいです。私の国だけではなくて、どこにも戦争と核実験があってほしくない。この村の全員が病気です。外面は健康そうですが、内面は病気だらけです。様々な病気が発症しています。眼の病気もそうです。3 人の孫の眼が悪いです。核実験のせいであるとしか考えられないでしょう。1 人の孫の甲状腺が悪いから急いで市内の病院に来るように言われました。いま、彼らは市内の病院で診てもらうためセメイにいます。これは全部核実験の被害であると考えられます。それしかありません。以前は、心臓病や高血圧症になる人は少なかったです。わたしの母親が高血圧症で亡くなっていますけれども。今は、2 人に 1 人が高血圧症に苦しんでいます。高血圧症はみんなに発症している病気です。みんな病気です。全部の被害は核実験からです。核実験にも、核実験を作った人にも罰が当たってほしい！（…）　　　　（女性、1951 年生まれ）

　（…）夫は 54 歳の時に癌で亡くなりました。1961 年に目の見えない長男が生まれました。孫の手には指が 6 本あります。私は心臓病に悩んでいます（…）。

（女性、1934 年生まれ）

　（…）6 人家族です。夫の肺に癌が見つかりました。手術が必要です。みんな頭痛に悩んでいます。息子は胃が痛みます。孫は黄色になって生まれました。祖父と祖母が癌で亡くなっています。同じセミパラチンスク市に住む友人、隣人の多くは若くして亡くなりました。私たちは実験用の人間として生きてきたと思います（…）。

（女性、1960 年生まれ）

　（…）私は 1976 年に徴兵され、1978 年まで核実験場にいました。核実験が行なわれていたときは外で実験の準備に携わりました。地下核実験による地震がいつも強かったです。モルダリ（Moldari）村で頭が 2 つある子牛を見ました。今は数え切れないほどの病気を持っています。32 本の歯のうち、8 本しか残っていません。低血圧に悩んでいます。心臓も悪いです。一番辛いのは頭痛。我慢できないほど痛いです。いつも。

（男性、1959 年生まれ）

　（…）私はＸＸＸ村で産婦人科医として働きました。眼と鼻のない赤ちゃんが生まれたことを今も覚えています。母親には見せられませんでした。その赤ちゃんは 2 時間後に亡くなりました。他にも、指の数が多い赤ちゃんや口蓋裂など障害を持った赤ちゃんがたくさん生まれました（…）。

（女性、1952 年生まれ）

　本書で公開されたセミパラチンスク核実験場近郊住民の証言は、筆者が調査中に入手できた全証言の一部に過ぎない。セミパラチンスク地域の住民へのインタビュー調査を通じてこの地域の多面的な研究を今後も継続するが、今回使用しなかった証言、インタビュー内容などの資料を今後の研究に活かす予定である。
　筆者はライフヒストリー研究を通じて比較被ばく研究を今後の課題とし

たい。また、セミパラチンスクに関しては、核実験を行った側である学者や軍人、そして核実験場で仕事をさせられた兵士や徴兵の視点から「核実験場で働くとは何か」について研究をしたい。被ばく者として生きることは何であろうという問いへの答えをこれからも探し続ける。

第2部

「正史」としてのセミパラチンスク核実験場

第6章　セミパラチンスク核実験場の建設

1．核実験地になる前のセミパラチンスク地域

歴史

　セミパララチンスク城砦（Семипалатинская крепость）は、1718 年に中国へ通じる道沿いに建設された居住地であり、1782 年にはセミパラチンスク市として位置付けられた。1997 年 5 月までは同市が、現在東カザフスタン州の一部となっている元セミパラチンスク州の州都であった。

　セミパラチンスク城砦・セミパラチンスク市は、かつてジュンガール族の居留地ドルジンキットの付近にあったカルミック仏教寺院跡の七つの建物にちなんで、「七つのテント（屋根）の町」を意味する「セミパラチンスク」と名づけられた[1]。ここは、トルキスタン・シベリア鉄道の主要点であり、ロシアとカザフスタンの南部・東部地域を結んでいる。同市には空港および河川港がある。

　19 世紀にはセミパラチンスク市は多くの人の亡命先となっていた。例えば、1854 ～ 1859 年にはロシア政府によって追放された作家ドストエフスキーが生活していたことで知られている[2]。

　1918 年 2 月 16 日、ここでソビエト体制が確立され、同年から 1919 年

1　Академия Наук Казахской ССР, История городов Казахстана: Семипалатинск, Наука 1984.

2　Материалы литературно-мемориального музея Ф.М.Достоевского: http://www.fdostoevsky.ru/.

遊牧民による石像（6〜12 世紀）
出所：筆者撮影、セミパラチンスク市郷土歴史博物館敷地内（2012 年 9 月）

まではセミパラチンスク市は白軍[3]によって支配されていた。セミパラチンスク市は、1920 〜 1928 年はグベールニヤの、1928 〜 1932 年まではオークルグ[4]の中心となっており、カザフスタンでは行政区分が実施された 1932 年からは東カザフスタン州の州都、1939 年からはセミパラチンスク州の州都となった。

　1930 年代に、セミパラチンスク市にはインフラが開発され始めた。1930 年には同市にトルケスタン・シベリア鉄道が通った。第 1 次五カ年計画によって、ソ連で最も大きな肉缶詰コンビナートの一つが建設され、その後、製粉工場、紡績工場、被服工場、造船所なども建設された[5]。

3　1917 年のロシア革命とその後の内戦時代に、ソビエト政権の打倒をめざして赤衛軍と戦った帝政派などによって組織された反革命軍（Энциклопедический словарь）。

4　グベールニヤ、オークルグは、18 世紀から 20 世紀初頭までロシア帝国に設置された地方行政区画である（グベールニヤは「県」、オークルグは「州」に相当）。

5　Академия Наук Казахской ССР, История городов Казахстана: Семипалатинск, Наука 1984, стр.29-53.

図表1 旧セミパラチンスク州の構造

No.	地区	行政の中心地	地区に含まれる町、村の数
1	ベスカラガイスキー （Бескарагайский）	ボリュシャヤー・ヴォラヂミロフカ村 （село Большая Владимировка）	26
2	ボロドゥリヒンスキー （Бородулихинский）	ボロドゥリハ村 （село Бородулиха）	32
3	ノヴォシュルビンスキー （Новошульбинский）	ノヴォシュルバ村 （село Новошульба）	28
4	ジャナセメイスキー （Жанасемейский）	セミパラチンスク市 （годод Семипалатинск）	45
5	チャルスキー （Чарский）	チャルスク町 （город Чарск）	29
6	アブラリンスキー （Абралинский）	カイナル村 （село Кайнар）	15
7	アバイスキー （Абайский）	カラウル村 （село Караул）	33
8	ジャルミンスキー （Жарминский）	ゲオルギエフカ村 （село Георгиевка）	43
9	コクペクティンスキー （Кокпектинский）	コクペティ村 （село Кокпети）	41
10	チュバルタウスキー （Чубартауский）	バルシャタス村 （село Баршатас）	28
11	アクスアットスキー （Аксуатский）	アクスアット村 （село Аксуат）	42
12	タスケスケンスキー （Таскескенский）	タスケスケン村 （село Таскескен）	26
13	ウルジャルスキー （Урджарский）	ウルジャル村 （село Урджар）	25
14	マカンチンスキー （Маканчинский）	マカンチ村 （село Маканчи）	28
15	セミパラチンスキー （Семипалатинский）	セミパラチンスク市 （город Семипалатинск）	0
16	アヤグズスキー （Аягузский）	アヤグズ町 （город Аягуз）	45
17	クルチャトフスキー （Курчатовский）	クルチャトフ町 （город Курчатов）	0

出所：Тлеубергенов С.Т. Полигоны Казахстана, Гылым 1997 より筆者作成

　1997年にセミパラチンスク州と東カザフスタン州が合併され、東カザ
フスタン州となった。その州都はウスチ・カメノゴールスク市（Усть-
Кменогорск）となり、セミパラチンスク市は行政区分上では一般都市と
なった。

　2007年6月19日にセミパラチンスク市マスリハート[6]議員らによって
同市を「セメイ市」へと改名する議案が可決された。その原因としては、
外国の投資家による核実験場の強いイメージを無くすためであるとカザフ
スタン政府が説明している[7]。2日後の21日には、カザフスタン共和国大
統領令によって、セミパラチンスクは、カザフ語にすでにあった「セメ
イ」（Семей）に改名された[8]。

人口構成

　住民のほとんどがカザフ人遊牧民であったカザフスタンには、ロシア帝
国の経済的・政治的進出とともに、ヨーロッパ系の農民や軍人、商人たち
が続々と移住してくるようになった。多くのカザフ人がこれらの入植者に
よって土地を奪われたため、18世紀末には反ロシア暴動が起こっている。
さらに1860年代、ロシアが名実ともにカザフスタンを支配下におさめる
と、ロシアやウクライナなどから、さらに多くの農民がカザフスタンに入
植してきた。しかし革命前であっても、カザフスタンの人口の大多数はカ
ザフ人によって占められていた。タティモフ（Tatimov）によれば、1897
年に実施されたロシア帝国の調査では、現在のカザフスタンの領域内で、
カザフ人は全人口の82％を占めていたという。

　フルシチョフ政権（1953～1964年）になると、「処女地開拓」が大々

6　カザフスタンの地方議会のことである。

7　Информационное агентство Фергана-news, статья Юлии Гужвенко от
27.08.2007: http://www.fergananews.com/article.php?id=5305&print=1.

8　Указ Президента Республики Казахсан от 21 июня 2007 года №351 «о
переименовании города Семипалатинска Восточно-Казахстанской области»,
Указы Президента, Официальный сайт Президента Республики Казахстан:
www.akorda.kz.

的に行なわれ、カザフスタン北部を穀倉地帯とする計画が立てられた。その実現のために、ソ連ヨーロッパ部から多くの人々がカザフスタン北部の農村部に移住してきた（Tatimov 1993）[9]。

　さらに、第2次世界大戦中、ソ連ヨーロッパ部が戦場となったため、カザフスタンやその他の中央アジア諸国に既存していた工場が軍事上重要な役割を果たしたほか、ヨーロッパ部から多くの工場が疎開してきた。これを受けて戦中および戦後、工場労働者の流入が増大した。この影響は、とくにカラガンダ（Karaganda）州、セミパラチンスク州、パブロダール（Pavlodar）州など工業開発が進んだ地域の都市人口の増加にみられる（Rowland 1997）。

強制移住による変化と、現在の人口構成

　また、1941年の独ソ戦争の開始にともない、ソ連の西側に生活していたドイツ人は「裏切り者」の刻印を押され、1915年のドイツ人強制移住令が復活した。1941年8月28日のソ連邦最高会議議長による「ヴォルガ流域ドイツ人移住令」によって彼らは中央アジアやシベリアへの強制移住を余儀なくされ、彼らの自治共和国は消滅した。

　強制移住させられたのはヴォルガ川流域のドイツ人だけでなく、クリミア半島、国会沿岸、カフカース（コーカサス）、ウクライナのドイツ人も含まれており、その数は約65万に達したという[10]。カザフスタンへも、36万1000人のドイツ人が移住させられた[11]。

9　M.Тәтімов. Қазақ әлемі. Алматы, 1993.

10　Указ Президиума Верховного Совета СССР «О переселении немцев, проживающих в районах Поволжья» от 28 августа 1941 года , Газета «Большевик» №204 от 30 августа 1941г.
Великая Отечественная война 1941-1945: События. Люди. Документы : Краткий ист. справочник. М., 1990. С.425; Бугай Н.Ф. И.Сталин - Л.Берия: "Их надо депортировать...": Документы, факты, комментарии. М., 1992. С.7, 36-75.

11　М., 1990. С.425; Бугай Н.Ф. И.Сталин - Л.Берия: "Их надо депортировать...": Документы, факты, комментарии. М., 1992. С.7, 36-89.

図表 2　セミパラチンスク州人口

1939 年		1959 年	
人口数：378,600		人口数：519,000	
カザフ人	27.6%	カザフ人	18.9%
ロシア人	60.6%	ロシア人	70.9%
ウクライナ人	6.1%	ウクライナ人	2.3%
ドイツ人	0.9%	ドイツ人	3.1%
その他	1.8%	その他	4.8%

出所：Н.В. Алексеенко, История Восточно-Казахстанской области (2007) より筆者作成

　当時はスターリンによる統治下にあり、ドイツ人の他に、ソ連内のウクライナ人、ポーランド人、朝鮮人、タタール人、カルムイク人、チェチェン人、イングーシ人、カラチャイ人、メスヘティア・トルコ人、フィンランド人、ブルガリア人、ギリシャ人、ラトビア人、リトアニア人、エストニア人、そしてユダヤ人の民族集団が徹底的にあるいは部分的に中央アジアやシベリアへ移送されたのである[12]。

　このような歴史的な流れにともない、セミパラチンスク地域の人口状況にも変化が現れる。旧セミパラチンスク州は 1939 年に設立され、面積は16 万 800 平方キロメートルで、人口は 37 万 8600 人であった。これは当時のカザフスタン全体の人口の 6.2% を占めている。人口密度は低く、1平方キロメートル当たり 2 〜 3 人であった（1939 年の人口調査の結果による[13]）。

　その後、1945 年までの人口は 42 万 300 人であるが、1959 年時点で人口数は 51 万 9000 人となる（ちなみに、核実験が始まる 1949 年には人口

12　Бекмаханова Н. Е. Формирование многонационального населения Казахстана и Северной Киргизии в последней четверти XVIII в. 60-х годах XIX в. М., 1980. С. 176–189.　История СССР. 1989. № 6; Курашвили Б.Н. Политическая доктрина Сталина

13　З.В. Кузнецова, И.И. Курицин Семипалатинская область: экономика и географическая характеристика, Академия Наук КазССР, Алма-ата 1961.

調査が行なわれていない[14]。

図表のデータから、セミパラチンスク州におけるドイツ人の数が 1939 年に比べ、1959 年には 3.1% にまで増えていることが見受けられる。また、1939 年の調査でも、1959 年の調査でも、ロシア人の数がカザフ人をはじめ、他の民族の数を大きく上回っていることが分かる。

減少するセミパラチンスク市の人口

セミパラチンスク市の人口は、市の設立からソ連崩壊まで段々と増加する傾向にあった。

1989 年の調査によると、セミパラチンスク市住民の数は、31 万 7100 人であった。しかし、これがカザフスタン独立後（1991 年）の最初の 10 年の間に減少し、1999 年に 26 万 9600 人になる。

このような人口の減少の理由として二つのことが挙げられる。一つ目は、ソビエト連邦崩壊に伴うロシア人のロシアへの帰還。そして二つ目は、1997 年にセミパラチンスク州が東カザフスタン州の一部になり、セミパラチンスク市が州行政府の中心地でなくなったことである。また、セミパラチンスク地域が環境被災地として認められたことも、住民が他の地域へ移動する一つの原因ではないかと考えられるが、この点に関する具体的な研究は、現在存在していないことが確認された。

農村部住民の市内への移住の影響もあって、セミパラチンスク（セメイ）市の 2011 年 1 月 1 日までの人口は 31 万 7200 人である。

そのうち、カザフ人が 62.4% を占めており、ロシア人が 30.7%、タタール人が 3.7%、ドイツ人が 1%、ウクライナ人が 0.8%、ベラルーシ人が 0.21%、ウイグル人が 0.15%、朝鮮人が 0.12%、ウズベク人が 0.11%、その他 0.82% である[15]。

---

14 Алексеенко Н.В. История восточно-казахстанской области в документах и материалах, Усть-Каменогорск, Медиа-альянс 2007г. Стр.31-34.

15 Агентство Республики Казахстан по статистике www.stat.kz.

2. 核実験地に選ばれた理由

実験場建設の必須要件

　1947年8月21日、ソ連中央委員会において、核実験場建設に関する特別決議が採択された。この核実験場は、軍機密記号 52605「第二軍事演習場」と名づけられた。実験場設立に関する指導は、ソ連国防軍参謀本部に委ねられた。

　核実験場として稼働させる為には、直径約 200 キロメートルの土地が必要とされていた。さらに、鉄道の幹線と稼働中の空港から 200 キロ以上離れてはならず、自動車輸送もできねばならなかった。

　様々な場所が検討された結果、セミパラチンスク市近くのカザフスタンのステップ草原が選ばれた[16]。ここは、土地は広いが、人口は少なく、中心から離れていると同時に、水の豊富なイルティッシュ川、幹線鉄道、自動車道路と稼働中の空港があり、要求される条件を満たしていたことが選定要因であった。

　また、セミパラチンスク地域は、ソ連の核兵器産業を支えるチェリャビンスク（Chelyabinsk）やオムスク（Omsk）などウラル、シベリアの工業地帯に近かったことも大きな理由の一つであると考えられる。

秘密都市

　戦火のソ連において、周辺国からも秘匿されていたいわゆる「秘密都市」は、周囲の規模の大きい都市名プラス番号、という形で呼称されていた。それは郵便など、外部から通信や連絡する際のコードであった。

　例えば、秘密都市であるアルザマス 16（Arzamas16）は、水爆と大陸間弾道ミサイルの設計・核計画立案、チェリャビンスク 40 と 70（Chelyabinsk40, 70）は潜水艦発射弾道ミサイル・核砲弾・魚雷・地雷

16　Монография «Ядерные испытания СССР: современное радиоэкологическое состояние полигона». Москва, ИздАТ, 2002г. стр.37-38

ソ連の核兵器・核軍需工場特別規制都

出所：Тлеубергенов С.Т. Полигоны Казахстана, Гылым 1997

設計とプルトニウム製造、核廃棄物処理、スヴェルドロフスク 44 と 45
（Sverdlovsk 44, 45）はウランの濃縮と成型加工、大型車両製造、原子爆
弾、圧縮空気、電子機器の製造、トムスク 7 （Tomsk7）はウランとプル
トニウムの濃縮と成型加工、クラスノヤルスク 26 と 45 （Krasnoyarsk26,
45）はプルトニウム製造、核廃棄物処理、人工衛星の製造とウラン製造、
ミサイル弾頭の生産のための都市であった [17]。

文化的なセミパラチンスクの破壊

　セミパラチンスク地域は豊富な歴史を持っている。皮肉なことに、核
実験は、カザフスタン人が誇るカズベック・ビー（Kazibek-bi）[18]、タチム
ベット（Tattimbet）[19]、アバイ（Abai）[20]、シャカリム（Shakarim）[21]、アウエ
ゾフ（Auezov）[22]、マディ（Madi）[23]のような偉大な人物が住み、彼らが創
造した文化的・精神的な中心地で行なわれたのである。40 年続いた核実
験により、聖なるこの地域に住んでいた人々の先祖の墓が破壊され、荒廃
した。

　セミパラチンスク地域は、カザフ国民にとっての有名人や、そして最初
の民主主義者を誕生させた。ここでカザフ人から成る政党、アラシュ党

17　片桐俊浩（2006）『ロシアの旧秘密都市』、ユーラシア・ブックレット№ 153、東洋
書店。
　Андрюшин И., Чернышев А., Юдин Ю. Укрощение ядра. Страницы истории
ядерного оружия и ядерной инфраструктуры СССР. Саров; Саранск: Красный
октябрь, 2003. Стр. 291-349.

18　1667 ～ 1763 年。当時のカザフ国民の偉大な 3 人裁判官（ビー）の一人。

19　1815 ～ 1862 年。当時のカザフスタンの郷政府、外交官。偉大な作曲家、ドンブラ（楽
器）演奏家。中央・カザフスタンドンブラ学校の創始者の一人。

20　1845 ～ 1904 年。カザフスタンを代表する偉大な国民的詩人、作家、思想家、作曲家。

21　1858 ～ 1931 年。国民的詩人、作家、作曲家、哲学者。

22　1897 ～ 1961 年。ソ連のカザフ作家、劇作家、学者。

23　1880 ～ 1921 年。カザフ吟遊詩人、作曲家、歌手。

（Alash）[24] が生まれ、1917 年 12 月に設立されたアラシュ自治国[25] の首都も
セメイ（セミパラチンスク）であった。

　1905 年のロシア第 1 革命[26] と 1917 年の 10 月革命[27] の後、当時のカザフ
スタンにおける最初の民衆運動と革命の中心地は、セミパラチンスク市で
あった。革命はここから始まり、その後、アルマティ[28] をはじめ、全国に
広がった[29]。

　このように、核実験地にされる以前から、セミパラチンスク地域はカザ
フスタンにおいて、そしてカザフスタンの国民にとって特別な意味合いを
持っていたのである。

　この地域を核実験場として選択した旧ソビエト連邦政府や軍産複合体は、
地域の特徴を無視し、住民の意見を考えず、核実験の悪影響について注意
喚起を促した医師や学者たちの言説を考慮には入れなかったのだ。

24　1917 〜 1920 年に存在した大左派カザフ政党。

25　1917 年 12 月 13 日から 1920 年 8 月 26 日まで存在した非常に短命な国家。1920
　　年 8 月 26 日、ソビエト政府はアラシュ自治国を解散させ、キルギス自治ソビエ
　　ト社会主義共和国を設置した。この共和国は 1925 年にはカザフ自治ソビエト社
　　会主義共和国に変化し、1936 年にはカザフ・ソビエト社会主義共和国になった。
　　(Бочагов А. К. «Алаш-Орда». Краткий исторический очерк о национально-
　　буржуазном движении в Казахстане периода 1917-1919 гг., Кзыл-Орда, 1927 と
　　Аманжолова Д. Партия «Алаш»: история и историография, — Семипалатинск,
　　1993 より)。

26　1905 年のロシア全国ゼネスト、農民決起、軍隊叛乱である (Л.Д.Троцкий. Наша
　　первая революция.Часть 1, 1925) 。

27　1917 年にロシアの首都ペツログラドで起きた労働者や兵士らによる武装蜂起を発
　　端として始まった革命。多数の労働者や兵士らを扇動した革命からによるクーデター
　　とも解される (Л.Д.Троцкий. История русской революции, 1931)。

28　1997 年までのカザフスタン共和国の首都。現在の首都はアスタナである。

29　Пахмурный П.М. Большевики Казахстана в революции 1905-1907 годов.
　　Алма-ата, 1976, с.32.
　　Касымбаев Ж.К. Семипалатинск в канун Октябрьской революции. Алма-ата,
　　1970, с.30.
　　Революционное движение в Казахстане в 1905-1907 гг.: Сборник документов и
　　материалов. Алма-ата,1955, с.180.

3. 核実験場の建設と現地住民の移住

第2次世界大戦中、諜報情報による核開発の促進

ソ連では1930年から1941年の間、核の研究がすでに進められていた。この研究は第2次世界大戦の開戦にともなって一時的に中止されるが、1941年の9月から、イギリスとアメリカの原爆製造に関する集中的な研究についての秘密情報がソ連側に漏れはじめた。

ソ連の治安機関の責任者で内務大臣のベリヤ（L.P. Beria）が、諜報機関の入手した情報に基づいて、初めて原爆の開発についてスターリンに報告した。これによって、ソ連科学アカデミーは、ウランの核分裂による原

ポツダム会談 1945 年 7 月 23 日

出所：Truman Library, Photo database

子力エネルギーの使用の可能性についての研究を再開した[30]。諜報機関によって提供されていた情報は、ソ連の科学者の仕事を促進させたのである。

1943年2月11日に、ソ連国家防衛委員会が、原子爆弾製造に関する実用的な作業の開始を決定する。指導者はソ連国家防衛委員会の副議長のモロトフ（V.M. Molotov）に決まり、クルチャトフ（I. Kurchatov）博士が原子爆弾開発プロジェクトの責任者となった。

「ウランに関する研究事業の組織」は1943年4月12日に核兵器の開発

---

[30]　Гончаров Г .А., Рябев Л. Д. О создании первой отечественной атомной бомбы. УФН 171 (2001), стр.79-84.

を目的として設立されたが、1955 年までは研究所の存在すら秘密であり、「ソ連科学アカデミー第 2 実験室」の名称で呼ばれていた。研究所長としてクルチャトフ博士が選ばれた。ソ連の原子炉のほとんどはここで設計されていた。

第 2 次世界大戦終結にともないソ連政府は本格的な核開発に乗り出し、1945 年後半には、プルトニウム製造を行なうチェリャビンスク 40（Челябинск-40）とウラン製造のスヴェルドロフスク 44（Свердловск-44）の二つの拠点が建設された。

その後も 1947 年にスヴェルドロフスク 45（Свердловск-45）、1949 年にトムスク 7（Томск-7）およびクラスノヤルスク 26（Красноярск-26）、1955 年にはクラスノヤルスク 45（Красноярск-45）が増設された[31]。

核物質の大量生産を最優先とするソ連政府の方針は、結果的に安全対策をなおざりにし、表立って報道されない重大事故もしばしば引き起こした。

「原子爆弾の秘密はすでに秘密ではない」

1945 年 8 月 20 日にソ連国家防衛委員会が「原子力問題に関する特別委員会」創設を決議した。さらにその後、1946 年 4 月にソ連の閣僚会議が「原子力問題に関する特別委員会」を承認した。

1946 年 12 月 25 日にソ連初の実験黒鉛減速炉 F-1 が稼動した。そして、1948 年には、ソ連初のプルトニウム生産炉が稼動することになる[32]。

1947 年 11 月 6 日、ソ連邦外務大臣のモロトフは、革命 30 周年記念祝賀会で「原子爆弾の秘密はすでに秘密ではない」と言明する。この発言は、ソ連が原子爆弾の製造方法の秘密を知り、核兵器を保有していることを意味した。

1947 年 8 月 21 日、ソ連中央委員会において、核実験場建設が決定された。核実験場の建設地は、ソ連国防省所属「第二軍事演習場」、軍機密

31　すべてが核兵器・核軍需工場特別規制都市である。

32　Гончаров Г .А., Рябев Л. Д. О создании первой отечественной атомной бомбы. УФН 171 (2001), стр.96-99.

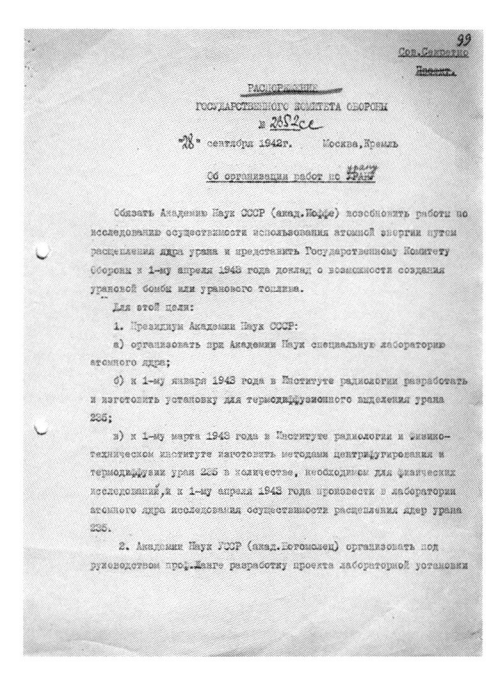

ソ連国家防衛委員会「ウランに関する研究事業の組織」第2352番極秘決定

出所：Российский Государственный Архив Социально-Политической Истории
（ロシア国立社会政治史文書館）

記号52605部隊（Учебный полигон №2 Министерства Вооруженных
Сил СССР, войсковая часть 52605）と名づけられ、セミパラチンスク
市から約150キロメートル離れたところに位置していた。

　核実験場建設は、モスクワ州ズヴェニゴロド市（Звенигород）で始
まった。第一部隊とその各小部隊が建設に従事し、1948年6月1日に当
時のカザフ・ソビエト社会主義共和国パブロダール州（Павлодарская
область）マイスキー地区（Майский район）モルダル村（село
Молдары）（小さい町）へ配置換えが始まった[33]。

　ここが後にクルチャトフ市となった。

33　Е.Л. Якубовская, В.И. Нагибин, В.П. Суслин, Семипалатинский полигон-
независимый анализ проблемы, Новосибирск 2003, стр.3-8.

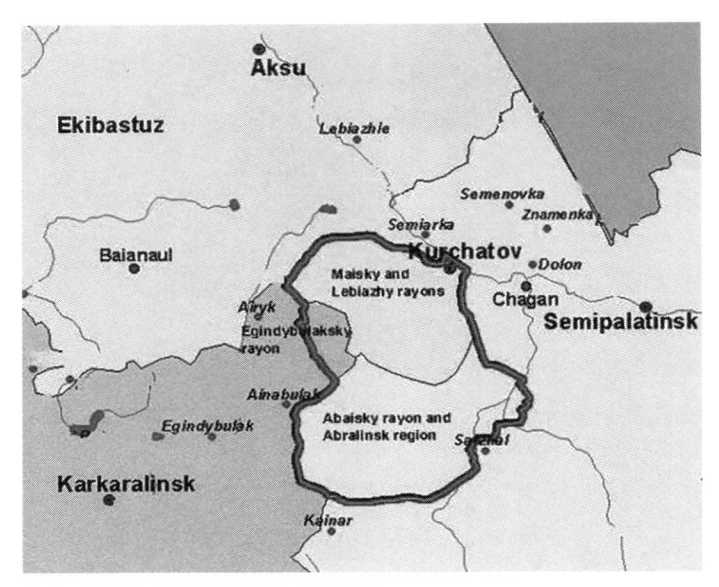

セミパラチンスク核実験場とその周辺

出所：Экологический музей г. Караганды

セミパラチンスク核実験場の建設

　1947年、最初にソ連軍産複合体の建設部隊がイルティッシュ川の畔に上陸し、セミパラチンスク市からおよそ130キロメートル離れている場所で住宅、研究施設、兵舎などの建設工事を開始した。しかし、草原での建設は困難を極めた。建設を担当した兵士たちは、住宅ができるまで半地下小屋や仮設テントでの生活を続けた。寒い日が続く真冬は、特に環境が厳しく、兵士が手や足の指を切断する程の凍傷を負うという例が少なくなかった[34]。

　しかし、実験場は1949年の7月に完成し、建設は2年間で終わった。建設は約1万5000人の軍の力によって実施され、核実験の準備や実施の

34　Официальный сайт Восточно-Казахстанской области, История г. Курчатова http://akimvko.gov.kz/ru/services_03.htm.

ための費用を除いても建設に使用された費用は1.8億ソ連ルーブル（当時は1ルーブル＝0.8米ドル）であった[35]。

　実験場の建設の開始とほとんど同時に、ここにクルチャトフ、ハリトン、ショルキン（K.I. Shelkin）、ゼルドヴィッチ（Y.B. Zeldovich）、ヨッフェ（A.F. Joffe）、サハロフ（A.D. Saharov）をはじめとする学者グループが引っ越してきた。最初の頃は、彼らは仮設テントで単身赴任生活を送り、仕事の他に何もできない非常に厳しい条件の中で暮らしていた。唯一許されていたのが、たまにセミパラチンスク市東岸部ジャナ・セメイ（Жана-Семей）に行くことだったが、行く前にはいつも軍産複合体の責任者から、現地住民との会話を避けるように、目立たないように振る舞うことを忠告されていたのである（Boztaev 1998）。

核実験場の内部

　「第二軍事演習場」として建設されたセミパラチンスク核実験場は、当時のカザフスタン社会主義共和国セミパラチンスク州（実験場の54％の部分）、パブロダール州（39％）、カラガンダ州（7％）のテリトリーに位置し、1万8500平方キロメートルに及ぶ広大な面積を占めた（Tleubergenov 1994）。

　古くから、現地住民はこの草原を、越冬村や越夏村、牧場、井戸地などとして使用していた。ところが、ここにコルホーズが組織されるようになり、集落[36]、道、送電線、通信線が現れた。さらに実験場の建設が始まると、ここに住んでいた人々が周辺の村々へ移住させられた。実験場敷地は鉄条網で囲われ、最高機密の対象となったのである（Boztaev 1998）。

　核実験内部は区域に分かれており、中央部北寄りの「Ш地区（シャー）」では大気圏核実験が、中央部南寄りの「Г地区（ゲー）」と東端の「Б地区（ベー）」では、それぞれ地下核実験が実施された。

35　Монография «Ядерные испытания СССР: современное радиоэкологическое состояние полигона». Москва, ИздАт, 2002г., стр.45.

36　家畜を持つ3〜10世帯からなる小さな村。

「Ш地区」では、1949 年 8 月 29 日から 1962 年 12 月 24 日までのすべ
ての大気圏核実験が行なわれた「Opitnoe Pole」（Опытное поле）とい
う、核実験用のグラウンドが位置していた。この地区には、研究用原子炉、
330 人が滞在できる六つの宿と 400 人用の二つの兵舎があった。

「Г 地区」には、デゲレン（Дегелен）、テルケム（Телькем）、アクタ
ン・ベルリック（Актан-Берлик）、サル・ウゼン（Сары-Узен）の地下核
実験用グラウンドが含まれていた。デゲレンは、水平式トンネルでの地下
核実験用の山の名である。同地区には 1200 人用の六つの宿と 1100 人用
の三つの兵舎が整備されていた。

そして「Б 地区」にバラパン（Балапан）グラウンドがあり、ここでは
垂直線式の地下核実験の多くが行なわれている。この地区に、850 人用の
五つの宿と 1100 人用の三つの兵舎があった[37]。

以上は、実験場における最も重要な地区の説明である。この他、研究施
設用に作られたいくつかの地区が存在した。

セミパラチンスク核実験場の一部として、「Ш地区」から 45 キロメー
トル離れたところに秘密都市クルチャトフが位置した。1958 年には、こ
のクルチャトフから 20 キロメートル離れた草原に、核実験場とは関係な
く、長距離戦略空軍軍事都市（長距離戦略ミサイル製造軍事都市）、「チャ
ガン村」（Чаган）（人口約 1 万人）が建設された。この町は、セミパラシ
ンスク市とクルチャトフ町の中間辺りに位置したため、日常「まん中村」
と呼ばれていた。ここには、生活用建物、飛行場、兵舎、様々な補助設備
が備わっていたのである（Boztaev 1998）。

4．秘密都市クルチャトフ

さまざまな名前を持った町

クルチャトフ（Курчатов）。ソ連時代は存在していない町名であり、鉄
道地図では「コネチュナヤ」（Конечная）、ロシア語で「終着駅」を意味

37　Экологический музей г. Караганды　　http://poligon.kz/ecomuseum.shtml

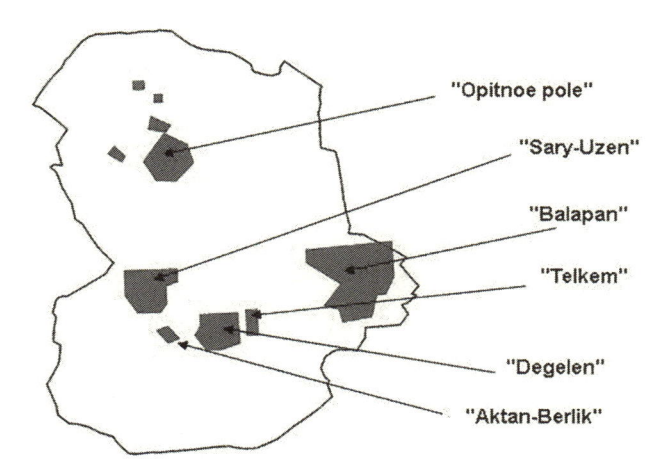

出所：Экологический музей г. Караганды より（カラガンダ市環境博物館）

実験場内に位置するカラジラ石炭鉱山のモニュメント

旧セミパラチンスク核実験場
出所：筆者撮影（2009 年 5 月）

旧セミパラチンスク核実験場 Opitnoe Pole グラウンド
出所：ヘリコプターから筆者撮影（2009 年 6 月）

実験場は大草原の中にある。実験時にデータを取った建物付近が大気圏内
で実験が行なわれた場所である。

出所：筆者撮影（2009年5月）

する駅名を見つけることができる。「クルチャトフ」という町の名は、ソ連原爆開発の総責任者だった I・クルチャトフ博士にちなんで名づけられ、文字通り核実験の中枢を担う最前線の町であった。

クルチャトフは 4 万人の人口を擁する町で、セミパラチンスク核実験場の基地都市として原爆開発のために 1947 年に設立された。当初は軍事基地として機能しており、クルチャトフになるまでに町名が数回変化している。当初の名前は「モスクワ 400」であったが、130 キロ離れているセミパラチンスク市から鉄道が通ってからは、「コネチュナヤ駅」になる。クルチャトフの住所は、郵便番号「セミパラチンスク 21」のみであった（Boztaev 1998）。これは厳重な国家秘密を守るためである。

最盛期のクルチャトフは閉鎖都市であり、ソ連の中でも最も機密とされ、制限された都市の一つだった。イルティッシュ川の南岸に位置し、ここはチャガン川との合流地点でもあった。市内を通る鉄道は、西は近郊のモルダリー村まで、東はセミパラチンスク市まで 160 キロがつながっていた。町には核実験の実施本部である 52605 部隊が置かれており、大勢の軍人や科学者たちが、核実験の遂行とその調査、研究に当たってきた。彼らはソ連全土から選ばれた一流の専門家であったことは言うまでもない。

秘密を引き換えにした別荘地

クレチャトフは、科学・調査研究所、医学、生物学、数学、物理専門家のセンターとなり、また、竪穴掘削、掘削（ボーリング）、地質調査専門家、建築家の拠点となった。ここでは、研究と実験のためにすべての条件が揃っていた。軍産複合体に属する 31 の研究所と、その他の科学・産業分野の研究拠点としての 29 の研究所を含む、多数の研究施設、飛行場、実験場敷地内に加え、地下施設として数基の研究用原子炉や研究施設が存在し、これらの施設の充実ぶりが示す通り、ソ連軍産複合体の最も発展していた秘密都市の一つであったと言える。

町には、病院、三つの学校、郵便局、八つの幼稚園、文化劇場、博物館、ホテル、レストラン、商店街、酪農工場、パン工場、公園などの施設が整備されており、地元のテレビ局と新聞局まで存在した。ここに住んでいた

人の多くが、町から少し離れたところのイルティッシュ川沿いに小さな別荘や庭を持ち、野菜や果物を栽培していた。

　ここは、秘密都市といっても一般の町と変わらなかった。この町が他の一般の町と異なる点は、生活の質であった。軍人、科学者とその家族らは、恵まれた住環境、豊富に配給される生活物質や食料、高い給与に加えて整った職場条件など、国家から豊かな暮らしが保障されていた。しかし、こうしたものはすべて、ここで見聞きしたことを絶対に他言しないという国家保安機関への誓約書と引き換えに手に入れたものである。この誓約は、ソ連の他の閉鎖都市と同様だった（Boztaev 1998）。

　ステップに建設されたクルチャトフは、町というよりも緑あふれる別荘地のような場所だった。高い建物が少なく、科学者たちの住宅の多くが一戸建てであった。森に囲まれた自然豊かな暮らしができるように、1955年から町で緑の植栽計画が実施されている。1960年、植樹帯は95ヘクタールにもおよび、3万5000本の観賞用樹木と2000本の果樹があり、多くの花も咲いていた[38]。

　しかし、クルチャトフ市と核実験場周辺の村々の生活条件の格差はあまりにも大きかった。現地住民は、この秘密に包まれた町とその向こう側に舞い上がる「キノコ雲」がどのような意味を持つのか、知る術はなかったのである。

　クルチャトフの中央には52605部隊の本部があり、その2階建ての建物の前にクルチャトフ博士の巨大な銅像がある。町はこの銅像を中心にしてつくられている。

　52605部隊の中核は、科学研究本部であった。ここでは、実験後の放射能の予測、攻撃波の測定、生物への影響の調査などの活動が行なわれていた。研究本部は、放射線防衛部、放射線測定部、衝撃波・地震影響研究部、生物医学部、気象部、特殊撮影部、映画写真部などに分かれていた[39]。

38　東カザフスタン州資料館より。

39　NHK取材班（1994）、『旧ソ連戦慄の核実験』、NHK出版。

第7章　実験場閉鎖期およびカザフスタンの独立

1．ソ連軍産複合体との対立

カザフによる独自の健康被害調査

　セミパラチンスク核実験場は、ソ連軍産複合体（Военно-промышленный комплекс ＝ CCCP）の一部であり、核実験に関わるすべての資料がこの複合体により独占されていた。

　資料の中には、住民の健康状態や核実験場近くの環境の問題に関する多くの情報が含まれていた。軍産複合体は、核実験場近郊の住民に放射線に由来する諸症状が発生する可能性を否定し、核実験は環境や住民に無害だという考えを捏造し、喧伝してきたのである（Boztaev 1992）。

　しかし、当時の政府および軍産複合体の努力にかかわらず、住民の多くはこのような喧伝が嘘であると感じていた。セミパラチンスク地域の社会活動家、学者や住民は、自らの方法で核実験とのたたかいを進め、1989年に「ネバダ・セミパラチンスク」を創立するに至る、大きな国民的反核運動への道をつくってきた（「ネバダ・セミパラチンスク」国際的反核運動については第8章で後述）。

　運動における中心的な人物の一人は、カザフ・ソビエト社会主義共和国科学アカデミー会員、カザフ風土病研究所の教授アトチャバロフ（B.A. Atchabarov）博士であった。彼は1957年にサトパエフ（K. Satpaev）カザフ・ソビエト社会主義共和国科学アカデミー総裁に対して、核実験場近郊地域に住む住民および家畜と環境の調査の重要性を伝え、風土病研究所が調査を実施するための許可を依頼した。当時は、実験場に関するすべてを軍産複合体とソ連最高政府のみが指導していたため、これはカザフ独自

の勇気ある決断だったと言える。

1957年、カザフ・ソビエト社会主義共和国保健省からの依頼を受け、カザフ・ソビエト社会主義共和国科学アカデミー（Академия наук Казахской = ССР）は同アカデミーに付属する風土病研究所に対し、カザフスタン中央部のいくつかの地区における住民の健康診断を行ない、核実験が住民の健康に及ぼす悪影響の可能性を調査するよう命じた。

この調査は、カザフの生物物理学研究所、保健省、そして風土病研究所の専門家からなる3つの調査隊の力で行なうことが決定された。調査の指導は、カザフ科学アカデミー会員のアトチャバロフ博士と医学アカデミー会員バルムハノフ博士らが行なった。同調査には、35人の研究者が取り組んだ。保健省が行なった予備調査のデータに基づいて、放射線病の恐れが最も少ない地区としてカラガンダ州コウンラド地区、危険性のある地区としてカラガンダ州カルカラリ地区、そして最も恐れの高い地区としてセミパラチンスク地区のアバイスキー地区が調査地域として選ばれた。その他に対照地域として、核実験場から遠く離れたアルマ・アタ州（現・アルマティ州）でも調査が行なわれたのである[1]。

その結果、調査団はそれまで知られていなかった独特な病的徴候の複合症状を発見した。その特徴は、無気力状態、貧血、白血球減少症、リンパ細胞症とリンパ球減少症、皮膚の破壊、歯茎、粘膜、鼻、腸の出血、脱毛、皮膚の早期老化現象や他の特殊な病気だった。これらの新しい複合症状は、核実験による急性および慢性の放射線作用の結果であると推測された。これらの諸症状は検査された住民の60％以上に確認されたのである。この新しい病気は、その症状が発症する患者が最も多かった村の名にちなんで「カイナル（Kainar）症候群」（Синдром Кайнара）と呼ばれた。これは

1　Академия Наук Казахской ССР Институт Краевой патологии «Радиоактивность внешней среды и состояние здоровья населения и сельскохозяйственных животных в центральном казахстане», Алма-ата 1958, стр.5-8.

放射線病だったのである（本書 101 頁を参照）[2]。

　調査の結果に基づいてカザフ科学アカデミーがカザフ政府に問題の本質を説明し、適切に対応するよう申請した。政府はこの申請を受けてカザフ共産党中央委員会で会議を開き、これにソ連国家計画局、国家保安委員会と軍産複合体の代表らが参加した。軍部は会議で、調査団の結果を露骨に否定するが、カザフ政府の主張により調査を継続する決定がなされた（Atchabarov 1958）。同様の会議は 1959 年にも行なわれている[3]。調査は 1960 年まで 3 年間続き、「カイナル症候群」の発生率が最も高いのはセミパラチンスク州であり、これは核実験と関連しているという明確な結果が出された。

　アトチャバロフ博士が執筆した『核実験が住民の健康に与えた影響の測定に関する誤解、嘘と真実』[4] という本では、同調査について次のように記述している。

　——セミパラチンスク核実験場における核実験による住民の健康および家畜への悪影響が確定された。我々の調査の結果は、62 人の学者による 12 冊の秘密報告書としてまとめられ、カザフスタン政府に届けられた。これらの報告書の内容はカザフスタンとソ連の最高政府にまで周知されたのである。健康診断を行なった住民には一般的な様々な病気の他、全身の異常な病態も発見された。これは、300 〜 500 レントゲンという高い数値の放射線による影響だとしか説明ができない。

2　Академия Наук Казахской ССР Институт Краевой патологии «Радиоактивность внешней среды и состояние здоровья населения и сельскохозяйственных животных в центральном казахстане», Алма-ата 1958, стр.414-458.

3　Атчабаров Б.А. Заблуждения, ложь и истина по вопросу оценки влияния на здоровья людей испытания атомного оружия. Алматы 2003, стр. 3-5.

4　Атчабаров Б.А. Заблуждения, ложь и истина по вопросу оценки влияния на здоровья людей испытания атомного оружия. Алматы 2003.

ソ連軍産複合体による調査結果の否定

1961 年 2 月にモスクワで調査結果を審議する総括会議が行なわれ、調査団側から 19 の論文が発表された[5]。会議には軍産複合体の代表ら以外に、全ソ連科学アカデミー、全ソ連医学アカデミー、農学アカデミー会員もいた。しかし、調査団の結論は否定され、セミパラチンスク州の住民、家畜および環境に見られた変化の原因は核実験による放射性降下物の影響ではなく、ブルセラ症、結核、ビタミン欠乏のせいだとされた。

アトチャバロフによると、彼らの調査研究の結果と軍産複合体の専門家らが提供したデータは大きく違っていた。たとえば、調査団側が発表したカイナル村とサルジャル村の被ばく線量が 400 レントゲンから 500 レントゲンまでだったのに対し、軍産複合体の専門家はカイナル村は 7 レントゲン以内、サルジャル村は 50 レントゲン以内と主張したのである[6]。会議では、軍産複合体のこのような主張が正当化された。

実は、ソ連は核実験による住民への悪影響を認識していたのである。1957 年 3 月からソ連崩壊の 1991 年まで、モスクワの生物物理学研究所が中心となって、セミパラチンスクに建設された秘密診療所（第 4 診療所）において実験場周辺村々の住民を対象に健康調査を持続的に行なっていた（本書 112 頁参照）。ソ連は内々にそれを認めながらも、対外的には一切を否定したのである。

アトチャバロフは、調査地域での放射能の悪影響とともにビタミン C の欠乏を強調した。このビタミン C 不足が放射線病をより深刻化させているため、核実験の中止など具体的な対策を取るまでは、せめて核実験場近郊住民の食料改善策として地域への果物、野菜、クムース[7]の提供と、特に子どもたちを中心とした住民のサナトリウムでのリハビリの必要性を訴

5　Атчабаров Б.А. Семипалатинский полигон – факты и размышления. Национальная академия наук Республики Казахстан. – Алматы, 1995. – С.13-25.

6　Атчабаров Б.А. Заблуждения, ложь и истина по вопросу оценки влияния на здоровья людей испытания атомного оружия. Алматы 2003.

7　馬乳から作られる発酵飲料。

えた。ソ連政府はカザフの学者らの意見を考慮し、当時の連邦閣僚評議会会長コシギン（A.N. Kosigin）によってセミパラチンスク地域住民への援助に関する決定が採用された。しかし、軍産複合体側は、ソ連政府のこのような援助は核実験の悪影響を認めることになると恐れ、政府の決定に反対し援助を中止したのである[8]。

1961年のモスクワでの総括会議後、アトチャバロフを中心とするこれまでの研究は中止するよう強要され[9]、それまでの調査結果報告は極秘書類とされた。その後の調査も禁止されたのである。

ところが、アトチャバロフが開始した調査は、核実験のその後の歴史にある程度の役割を果たせたと言える。それは、1959～1960年の核実験の一時的中止、1962年に大気圏核実験が最後となり、それ以降1963年からは地下核実験へ移ったことなどが物語っている。このような一連の動きは、核実験の閉鎖を求めるカザフからの初めてのたたかいであった。

2．カザフからの反核実験運動

「平和保護委員会」のモスクワ訪問

1980年代後半にセミパラチンスク地域住民の中から最初の反核実験活動家らが現れ始めた。彼らは自分たちの不満を地方レベルの政府機関を通じて訴えた。

1989年1月に、セミパラチンスク市で初めてのNGOである「平和保護委員会」の4人の代表が、セミパラチンスク地域住民の健康状態を証明する書類を提出するためモスクワへ出張した。代表団は、党委員会の会長である医学博士のジャンゲロワ（M. Zhangelova）教授、セミパラチンスク州アブラリ地区の住民ジャキシェフ（B. Zhakishev）、セミパラチンス

8　Атчабаров Б.А. Заблуждения, ложь и истина по вопросу оценки влияния на здоровья людей испытания атомного оружия. Алматы 2003.

9　Атчабаров Б.А. Семипалатинский полигон – факты и размышления. Национальная академия наук Республики Казахстан. – Алматы, 1995. – С.13-25.

ク州アバイスキー地区の住民トヤケバエク（I.Tuyakbayev）、セミパラチンスク市住民スロワ（V.Surova）で構成された。

　代表団を受け入れたのは、ソ連中型機械製作省大臣ベロウソフ（I. Belousov）であり、彼らが持ってきた書類をソ連閣僚評議会の当時の会長リシュコフ（N. Rizhkov）に届ける約束をした。

　その後、1989 年の夏に起きたカラガンダ市（Караганда）の炭鉱ゼネストや核実験場周辺の村々での抗議集会の後に、ジャンゲロワが率いる代表団はソ連閣僚評議会会長のリシュコフと面会した。本面談にはセミパラチンスク核実験場の諸役員、ソ連政府の代表たちとマスコミの代表たちが参加した。政府側からはセミパラチンスク核実験場の必要性が強調され、それに対して住民代表団は核実験による悪影響などの説明を行ない、特にジャンゲロワはセミパラチンスク平和保護委員会が持っていた資料がマスコミに公開されなかったことを指摘した[10]。

1989 年 2 月 12 日地下核実験による影響の秘匿

　1989 年 2 月 12 日、核実験の閉鎖を求める次のたたかいのきっかけとなった出来事が起こった。この日、核実験場では威力 90 キロトン以上の地下核実験が行なわれた。ソ連テレビのニュース番組「ヴレーミャ（Время）」は、セミパラチンスク核実験場で爆発力 20 キロトンから 150 キロトンまでの地下核実験が通常通り実施されたが、放射能レベルは正常であると報道した[11]。

　しかし、2 日後の 2 月 14 日に、核実験場から 110 キロメートル離れたところにある、核実験場とは関係なく配置されていた軍事都市（長距離戦略空軍軍事都市）チャガン村を放射能レベル 4000 マイクロレントゲンまでの放射性ガスが襲ったという事実が発覚した。

　実は、2 月 12 日の地下核実験で大量の放射性ガスが放出され、しかも2 日後までその状態が続いていたのである。これは長年の核爆発により変

10　Н.Р. Жотабаев Долгое эхо ядерных испытаний, Алматы 2011, стр.35-38.

11　核実験の実施および成功は、80 年代後半から一般報道され始めた (Boztaev 1997)。

形した地面に巨大な割れ目が形成されていたために起きた事故であった。普段、万が一放射能線量が安全とされる基準値を超えることがあっても、外部に知られないように、実験の実施は風向きがモニタリング施設を持たない村の方向へ向いている時に限って行なわれていた。

　ところが、この時のガス放出の事故は 2 日間にわたったため、その間に風向きが変わり、モニタリング施設を持つ軍事都市のチャガン村へ放射性ガスが流れ着き、核実験側がこの事故を隠したという事実が露になったのである。3 万人の住民が住んでいる地域を、放射性降下物が襲い、その放射能レベルは、自然界レベルが 15 から 20 マイクロレントゲンのところ、3000 〜 4000 という高さにも達した。この事故の際は、風向きのお陰で放射性ガスがセミパラチンスク市を通らなかった（Boztaev 1992）。

　セミパラチンスク州共産党委員会第一書記ボズタエフは、チャガン軍隊司令官ブレディヒン（Bredihin）陸軍少将からの公式通報によって、事件について知らされた。しかし、客観的に計器の指標が示されたにもかかわらず、核実験場司令部は放射性ガスの地上放出を否定した[12]。

　2 月 12 日のような地下核実験による放射性ガスの放出事件は、実際のところほぼ 3 回につき 1 回の割合で起きていた。そのため、1987 年に放射性ガスの流れが一度ならずセミパラチンスク市に到達し、放射能レベルが 450 マイクロレントゲンまで上がったのである。核実験場からより近い村々については、さらにひどい状況にあったことは言うに及ばない（Tleubergenov 1997）。

カザフによる初の正式抗議

　2 月 12 日の地下核実験による汚染問題は放置され、この日に何が起きたのか分析されないまま、2 月 18 日には 2 回目の地下核実験が行なわれた。これにともない、1989 年 2 月 20 日、セミパラチンスク州委員会第一書記ボズタエフが、ナザルバエフ書記長（現・大統領）と当時の共和国閣僚会議議長の同意を得て、ソ連共産党中央委員会宛てに「極秘」の暗号電

12　К.Б.Бозтаев 29 августа, Атамура 1998, стр.30-33.

報を打った。

　その内容は、ソ連共産党中央委員会に対し、セミパラチンスク核実験場
における核実験の一時的な中止、あるいは頻度と爆発力の減少、そして将
来的に核実験場により適切な場所への移設を求めるものであった。

　核実験中止を要求するこの電報が、セミパラチンスク核実験場の 40 年
間の歴史において、カザフからの最初の公文書であり、ソ連および全世界
における新しい軍縮時代の幕を開ける転換点となったのである [13]。

　ボズタエフの電報の内容はゴルバチョフ書記長をはじめ、ソ連共産党政
治局のすべてのメンバーに知らされたが、これは軍産複合体にとって想定
外の出来事であった。

　1989 年 2 月 28 日、セミパラチンスク市に軍産複合体の副議長ブカート
フ（V. Bukatov）を率いる調査委員会が派遣された [14]。これは 40 年前に核
実験が始まって以来、セミパラチンスク市を訪れた最初の調査委員会であ
り、調査の目的は核実験の実施の改善であった。彼らは、核実験の頻度と
威力を減少させ、地下核実験の実施によるガスの放出を防ぐための手段を
とれば、すべての問題が解決されると考えたのである。

　しかし、軍産複合体の専門家であった同委員会のメンバーは、放出する
ガスは住民や環境にとって無害だと主張し続けた（Boztaev 1992）。調査
委員会はセミパラチンスク市に 2 日間滞在したが、ちょうど彼らが滞在中
の 2 月 28 日には、国民的詩人スレイメノフの呼び掛けにより、首都アル
マ・アタでは核実験の中止を求める住民の抗議集会が行なわれている。そ
のため軍産複合体の代表らは、現地住民の我慢が限界を超えていることを
目の当たりにすることになった [15]。

　しかし、軍産複合体側と住民側の「対立」は核実験場の閉鎖まで続い
た。ソ連国防省大臣から核実験場の責任者や職員たちまでの軍産複合体側
は、地下核実験の安全性を訴え続けた。核実験場の責任者であるイリエン

13　К.Б.Бозтаев　Человек и атом, Алаш 2006, стр.32-35.

14　К.Б.Бозтаев　29 августа, Атамура 1998, стр.31-33.

15　К.Б. Бозтаев Семипалатинский полигон, 1992, стр.40-41.

コ（A.Ilenko）中将は、現地の新聞、ラジオ、テレビを通じて、地下核実験の際に放出するガスが無害であり、全く心配することではないという内容のインタビューの答えを繰り返した[16]。

　これに対し、セミパラチンスク州政府、カザフ・ソビエト社会主義共和国共産党およびカザフ・ソビエト社会主義共和国政府も行動を起こした。1989 年 4 月 7 日にカザフ・ソビエト社会主義共和国閣僚評議会議長ナザルバエフが、セミパラチンスク州の共産党経済懇談会で、第一課題は地下核実験の威力と数の減少であると演説を行なった[17]。

　また、1989 年 4 月 18 日、カザフ・ソビエト社会主義共和国閣僚評議会副議長アサンバエフ（E. Asanbaev）は、カザフスタン共産党中央委員会において、「セミパラチンスク州における核実験の悪影響について」という情報を提供した[18]。彼は、社会の情報公開と民主化が拡大しつつある状況の中で、住民の反核実験意識が強まり、包括的な健康診断とリハビリ、そしてカザフスタンにおける核実験の中止を求めるレターが後を絶たないことと、今年の 2 月から 4 月までの間に核実験の中止を求める 2000 人以上の署名がある 7 通の依頼書が届いたことを報告した。

　また、アサンバエフは、セミパラチンスク州における核実験場周辺の環境調査のため、1989 年 3 月 1 日にカザフ・ソビエト社会主義共和国閣僚評議会によって構成されたカザフ国内委員会の調査結果に基づいて、次の内容を紹介した。

　　―― 1981 年から 1988 年までの間、セミパラチンスク州における住民の死亡率が 1000 人に対し、8.1 ～ 8.9 人であり、これは全国での死亡率（7.2 ～ 7.6）を 10 ～ 12％上回っている。その原因の一つは癌の増加であり、その数字は 1984 年に 10 万人に対し 167.2 人、1988 年には 10 万人に対し 191.7 人であった。

16　К.Б. Бозтаев Семипалатинский полигон, 1992, стр.40-41.

17　Протокол актива. ЦДНИ ВКО.Ф.103-11.Оп.64.Д.114.Д.66-68, Подлинник.

18　АПРК.Ф.708.Оп.140.Д.59.Л.Т-12.Подлинник.

　白血病が判明した患者の人数は 1980 年の 51 人から、1988 年には 118 人にまで増加した。白血病が最も多く見られる年齢は 18 歳から 55 歳である。食道癌の発生率はカザフスタン全国の数値と比較して 5 倍である。幼児の死亡率は 1988 年に 1000 人に対し 34.4 人（全国での幼児死亡率は 29.2）である。1980 年から 1988 年までの間、死産率は 1000 人に対し 6.1 人から 12.5 人まで増加した。奇形児の出生率は 1980 年の 1000 に対し 11.8 人から、1988 年に 1000 人に対し 29.2 人まで増加し、同期間中の胎内死亡率は 3 倍も増えている。他に、神経症の発症率が急増した。地下核実験が行なわれる日に、慢性病の悪化、鬱、頭痛、疲労感を訴える患者が増えた。

　──また、核実験は州の牧草地における施設の状態にも悪影響を及ぼしている。まず一例としては地下水流動の破壊が挙げられる。地面の割れ目や崩壊の影響により、1987 ～ 1988 年、建設工事に 650 万ルーブルが建設費用として投入された 679 ヶ所のパイプ式井戸から水が無くなった。核実験が行なわれる度にセミパラチンスク州の地下技術施設で事故が起きた。

　──また、核実験場近郊に位置する農地が放射性降下物により汚染されている。地域の畜産品に含まれているヨウ素 131、セシウム 137、ストロンチウム 90、ポロニウム 210 などが、他の地域の畜産品に比べて 30 ～ 100 倍多い。例えば、アバイスキー地区の馬乳に含まれているストロンチウム 90 は、普段の数値を 38 倍も超えている。

　──州の農村建設、工業施設および住宅施設の変形の調査を行なった結果、地下核実験が行なわれる時の建物の破壊が震度 7 の地震に相当することが明らかになった [19]。

19　АПРК.Ф.708.Оп.140.Д.59.Л.Т-12.Подлинник.

　このように、1989 年の 4 月は劇的な変化をもたらした 1 ヶ月となった。この 4 月に、セミパラチンスク核実験場の今後の活躍と地域の調査のための省庁合同調査委員会の設立に関して、ソ連邦共産党委員会の決議案の準備が進められた[20]。

　決議内容は、カザフ・ソビエト社会主義共和国共産党中央委員会第一書記コルビン（G. Kolbin）によって認められるが、さらに、共和国閣僚評議会議長ナザルバエフが、住民の健康診断および調査の結果に基づく学会をセミパラチンスク市において開催することも決議の内容に盛り込むよう、ソ連邦共産党中央委員会書記バクラーノフ（O. Baklanov）に依頼する。結果的には、この内容も決議に含まれることになった[21]。

1989 年 7 月、学会で発表された健康被害

　1989 年 5 月、ソ連共産党政治局の決議によって、セミパラチンスク市に住民疾病率調査に関する省庁合同調査委員会が設立される。委員長に就任したのは、ソ連科学アカデミー会員兼医学アカデミー客員会員である放射線医学研究所長ツィーブ（A. Tsyb）教授だった。調査委員会のメンバーには医学、物理学、生物学、放射能学における著名な学者らが選ばれた。この調査にカザフ科学アカデミーの学者も含めて、約 200 人が携わった。

　2 ヶ月に渡った調査の結果は、同年の 7 月 17 日から 19 日まで開かれた学会「カザフ・ソビエト社会主義共和国セミパラチンスク市とセミパラチンスク州住民の健康状態および環境状況」[22] で発表された[23]。市民は、調

20　Ядерные испытания СССР: современное радиоэкологическое состояние полигонов, Москва, 2002, стр. 120-122.

21　Ядерные испытания СССР: современное радиоэкологическое состояние полигонов, Москва, 2002, стр. 120-122.

22　Научно-практическая конференция «Здоровье населения и экологическая обстановка в г. Семипалатинске и Семипалатинской области Казахской СССР».

23　Цыб А.Ф. Вокруг Семипалатинского полигона: радиологическая обстановка, дозы облучения населения Семипалатинской области. По материалам межведомственной комиссии, Медицинская Радиология. - 1990. - № 12. - С. 3-7.

査委員会に対して主観性や何かしらの意図を帯びた内容ではなく、客観性を期待していた。

　3 日間続いたこの学会で、セミパラチンスク核実験場における核実験の住民や環境への悪影響が明らかになった。カザフの学者らを含めて、全部で 70 の報告が発表され、労働者、高齢者、NGO 代表らなど 40 人以上の現地住民の核実験の被害に関する証言や体験が発表された[24]。地域住民が、40 年間の沈黙後に核実験の真実について専門家の意見を聞くことができた、という点においてこの会議は大変重要な意味を持っていたのである。

　しかし、中央官庁から派遣された調査委員会の資料は、長年にわたった核実験の、近郊住民に与えた被害の規模について正式な返答を含んでいなかった。この情報は軍産複合体によって秘密に守られたためである。委員会は、地下核実験が大気圏核実験と比べて住民に悪影響を与えることはないという意見を主張しようとした[25]。

　また、軍産複合体の圧力を感じた調査委員会のツィーブ委員長をはじめとする数名の委員は、この会議で発表された内容を数ヶ月後に否定し始め、新聞記事を通じて核実験の安全性を訴えたのである[26]。

核実験中止をめぐる、セミパラチンスクとソ連の動向

　学会に参加した軍産複合体の代表らは、地下核実験の安全性について発表し、現地のマスコミや住民の質問を避けたものの、同学会での現地の住民、学者ら、マスコミや労働組合代表らの圧力によって、学会自体は「セミパラチンスク核実験場を直ちに閉鎖しなければいけない」という結論で終わった。

　ところが、この学会に関してソ連防衛省第 12 総局指導官ゲラシモフ（V. Gerasimov）中将はソ連防衛大臣ヤゾフ（D. Yazov）宛ての 1989 年 7 月

24　К.Б.Бозтаев　Человек и атом, Алаш 2006, стр.99-101.

25　Н.Р. Жотабаев Долгое эхо ядерных испытаний, Алматы «Самара-принт» 2011, стр. 45-48.

26　К.Б.Бозтаев　Человек и атом, Алаш 2006, стр.103-105; Газета «Правда», 12 февраля 1991г.

28日に始まる報告書の中で、次のように事実をねじ曲げるような報告を
行なうのである。

　　——学会では総合調査委員会の調査結果が報告された。その内容は、省
庁合同調査委員会が紹介した調査結果と重なった。つまり、調査地域にお
ける放射線量は基準内であり、調査中に判明された主な不利な要因は放射
能とは関係のない原因をもっているとされた。これらの報告内容は、参加
者の多くから不信感と激しい反発を受けた。セミパラチンスク社会の代表
らによる報告では委員会の調査に対する不信感が示されていた。このよう
な社会の圧力によって、学会はセミパラチンスク核実験場での核実験の中
止の必要性を認めた[27]（…）。

　上の報告からも分かるように、ソ連国防省は核実験の中止を望んではい
なかった。軍産複合体のイニシアティブによって、1989年9月にソ連共
産党中央委員会は、セミパラチンスク核実験場の閉鎖はすぐにではなく、
1995年1月1日から行なうという内容の決議案を出し、準備を進めた。
　セミパラチンスク州共産党委員会はこれを受け入れられず、第一書記
ボズタエフが、1989年9月23日にソ連邦共産党中央委員会書記長ゴルバ
チョフ宛てに核実験場近郊住民と環境の過酷な状況の説明と実験場を直ち
に閉鎖することへの協力の依頼を記載したレターを送付した[28]。
　1989年10月4日、ソ連邦閣僚評議会の第1159番「カザフ・ソビエト
社会主義共和国セミパラチンスク州の経済・社会的発展の促進について」
の決議が発効された。これによって、セミパラチンスク州の社会・文化お
よび生活施設の発展の目的で予算が配分された。
　1989年10月27日、「国家の環境改善に関する緊急措置について」[29]の

27　Ядерные испытания СССР: современное радиоэкологическое состояние
полигонов, Москва, 2002, стр. 552-553.

28　К.Б. Бозтаев Семипалатинский полигон, 1992, стр.49-54.

29　Постановление ВС СССР «о неотложных мерах экологического
оздоровления страны».

ソ連最高会議の決議が出る。この資料を基に、「地下核実験実施関連活動について」のソ連最高会議の決議案が仕上がった。この決議案は、1991〜1992年の間、セミパラチンスク核実験場における地下核実験の数の4倍の減少および威力の7倍の減少を、そして1993年から同核実験場での核実験の中止を規定した[30]。

　決議から3日後の10月30日、ソ連閣僚評議会の軍産問題関連委員会が、セミパラチンスク核実験場を巡る状況にともない、1989年10月を持って、同核実験場での核実験を一時的に中止する決定を採用した[31]。

　1989年11月20日、セミパラチンスクで市および州の労働者らと、ソ連邦閣僚評議会副理事長、軍産複合体理事長が率いる政府委員会の会議が行なわれた。ここにソビエト社会主義共和国連邦軍最高司令官モイセーエフ（M. Moiseev）、ソビエト社会主義共和国連邦原子力・産業省大臣コノヴァーロフ（V. Konovalov）など共産党中央委員会の代表らおよび、カザフ・ソビエト社会主義共和国閣僚評議会理事長、カザフ・ソビエト社会主義共和国共産党委員会第一書記も参加した。会議では、セミパラチンスク核実験の現地住民への影響についての評議が行なわれた。カザフ側が核実験場の閉鎖と被害を受けた住民への賠償金と社会保障、病院からの薬と医療機械の無償提供、セミパラチンスク市内で1000人以上を受け入れられる病院の建設など、住民の健康改善につながる具体的な対策案を提示した[32]。

「セミパラチンスク州委員会」の設立

　ソ連政府がセミパラチンスク核実験場の今後の運命を決定するのを待たず、1990年4月にセミパラチンスク医学大学と医療施設の医師らから構成される「セミパラチンスク州委員会」が設立された。同委員会の課題は、

30　К.Б. Бозтаев Семипалатинский полигон, 1992, стр.49-54.

31　Н.Р. Жотабаев Долгое эхо ядерных испытаний, Алматы «Самара-принт» 2011, стр.55-56.

32　Ядерные испытания СССР: современное радиоэкологическое состояние полигонов, Москва, 2002, стр. 553-556.

医療科学に基づいて、地下核実験の住民への影響について客観的に調査を行なうことであった。

　調査過程中に、委員会はソ連社会主義共和国連邦防衛大臣にレターを送った。これは、地下核実験が大気圏核実験と同様に住民に悪影響を与えており、環境問題と社会問題が悪化して、現地住民の中で神経症の発症率が深刻化し自殺者が急増していることなど、地下核実験後の住民の実際の事情を伝える試みだった。

　これに対する 1990 年 4 月 4 日付けのソ連防衛大臣の返事には、1987 年と 1989 年にソ連保健省が派遣した委員会では住民の健康状態の悪化と地下核実験の関連性が認められなかったこと、そしてソ連保健省を中心に、今後も地域の環境と住民の健康調査と医療施設の改善を進める予定があることが記載してあった[33]。

　セミパラチンスク州委員会の詳細な調査が数ヶ月続き、その調査結果にはソ連政府の省庁合同調査委員会の調査結果と比較して異なる点が多かった[34]。セミパラチンスク州委員会は、核実験場の閉鎖を求め、住民の健康改善のための具体的な対策案を作成し、カザフ政府に提示した。

　この後も、ボズタエフを中心にセミパラチンスク地域政府、セミパラチンスク地域社会が、ソ連保健省および軍産複合体を相手に、セミパラチンスク市に存在する核実験関連資料（第 4 診療所の資料）の提供を要請するたたかいを続け、結果的には長年にわたって公開されていなかった多くの情報を手に入れたが（1990 年）、その資料の最重要機密事項であったと思われるうちの 20％以上がすでにモスクワへ持って行かれた後のことだった（Boztaev 1997）。

　ボズタエフの厳しい指導の下、セミパラチンスク州の社会・経済的発展のために予算が適切に配分され、セミパラチンスク市内の住宅建設と社会

33　Ядерные испытания СССР: современное радиоэкологическое состояние полигонов, Москва, 2002, стр. 559-562.

34　Н.Р. Жотабаев Долгое эхо ядерных испытаний, Алматы «Самара-принт» 2011, стр.63-65.

施設の建設が進み、施設の数はそれまでの2倍まで増えた。その後の3〜4年間で、健康診断センター、眼科センター、母子保護センター、子どものリハビリセンターなど、24の医療施設が設立された。また、市内だけではなく農村の医療施設も同様に発展した。

このようにして、1987年から1991年までセミパラチンスク州共産党委員会第一書記を務めたボズタエフは、核実験場の閉鎖に大きな貢献をし、永遠に国民の記憶に残る反核実験活動家となった。彼は1999年に癌で死去した。

ボズタエフ
出所：quzaquni.kz

このように、セミパラチンスクをはじめ、当時のカザフスタン社会は、核実験の中止、そして核実験場の閉鎖を求め、確実な段階を踏んできたのであった。

3. 核実験場の閉鎖とカザフスタンの独立

ナザルバエフのイニシアティブ

1990年4月24日、カザフ・ソビエト社会主義共和国共産党中央委員会第一書記ナザルバエフが、カザフ・ソビエト社会主義共和国最高会議第12召集第1期を開いた。セミパラチンスク州国民代議員ジョタバエフが本会議でのアジェンダ（議題）にセミパラチンスク核実験場をめぐる問題も盛り込むよう求めた。ナザルバエフのイニシアティブについては、カラガンダ市など他の議員らも支持した[35]。

セミパラチンスクを代表した議員らは、最高会議宛てに核実験場を巡る問題の解決への協力を求める要請が数回送られたにもかかわらず、最高会

---

35 «Казахстанская правда», 25 апреля 1990г.

議側から行動が無かったことを取り上げ、セミパラチンスク住民が本会議に大きな期待を寄せているため、この問題が本会議で議論されなければ、自分たちはセミパラチンスクへは帰れない旨を伝えた[36]。

　これに対して最高会議理事長ナザルバエフが、1989 年 11 月 20 日のセミパラチンスク州の労働者らと、ソ連邦閣僚評議会副理事長、軍産複合体理事長が率いる政府委員会の会議で、核実験場近郊住民への賠償金、社会保障、医療施設の建設というカザフスタン側の要請への返事として、軍産複合体委員会よりソ連閣僚評議会の決議案が届いたことを発表した。同会議には、ソビエト連邦軍最高司令官モイセーエフ、ソ連邦原子力・産業省大臣コノヴァーロフ、カザフスタン社会主義共和国閣僚評議会理事長、カザフスタン社会主義共和国共産党委員会第一書記も参加していた。

　また、同決議案は、セミパラチンスク住民への賠償金の支給、医療施設などの建設の代わりに 20 キロトン以下の地下核実験を 2 年以上続けるという案を含んでおり、この案がカザフスタン側によって検討中であるということを明らかにした。ナザルバエフは、セミパラチンスク核実験場の閉鎖が重要課題ではあるものの、国家（ソビエト連邦）の利益も重要な課題であるため、この問題に対しては包括的に対応しなければならないことを指摘した[37]。

最高会議「今後の核実験の中止に関する」決定

　議員投票の決定、1990 年 5 月 22 日にカザフスタン社会主義共和国最高会議の第 1 期においてセミパラチンスク問題が議論された。政治的にも、社会的にも極めて大きな意味をもつ問題が、初めて最高会議で議論され、多くのマスコミ関係者、カザフスタン共産党中央委員会関係者などが参加したのである。

36　Стенограмма I сессии Верховного Совета КазССР 12 созыва. Алма-ата, 24 апреля 1990 г., стр. 22-33.

37　Стенограмма I сессии Верховного Совета КазССР 12 созыва. Алма-ата, 24 апреля 1990 г., стр. 22-33.

その結果、「住民の健康保護および地域の環境保護のため、セミパラチンスク核実験場での今後の核実験の中止に関する」決定が採択され、カザフ・ソビエト社会主義共和国政府に以下の課題が任された[38]。

1. ソビエト連邦政府に対するセミパラチンスク核実験場での核実験の完全な中止および実験場近郊住民に対する賠償金の支給、社会保護についての要請。
2. 核実験場周辺地域の医療サービスの改善および住民への食料品提供に関するカザフスタン政府の提案を認めるようにソ連政府へ要請。
3. ソビエト連邦最高会議に対し、セミパラチンスク核実験場の科学・産業的ポテンシャル（可能性）を、今後は国民経済のために使用することに関する検討の要請。

1990 年 11 月 30 日、カザフ・ソビエト社会主義共和国最高会議第 12 召集第 2 期において、上記決議の実現過程が議論された[39]。しかしながら、上記案にはソビエト連邦政府によるセミパラチンスク核実験場近郊住民に対する賠償金の支給についての対応が無く、核実験の完全な中止に関する対応も延長されたため、同会議で下記に記す通り「セミパラチンスク州における核実験場について」の 1990 年 11 月 30 日付第 362 - XII 番の追加案の決定が採択された[40]。

1. セミパラチンスク州およびカザフスタン社会主義共和国全土に存在する他の実験場における核兵器実験、または他の大量破壊兵器の実験を完全禁止する。

38　Стенограмма I сессии Верховного Совета КазССР 12 созыва. Алма-ата, 24 апреля 1990 г.

39　Стенограмма II сессии Верховного Совета КазССР 12 созыва. Алма-ата, 30 ноября 1990 г., стр. 146-164.

40　Стенограмма II сессии Верховного Совета КазССР 12 созыва. Алма-ата, 30 ноября 1990 г., стр. 146-164.

2．ソビエト連邦閣僚評議会に対し、セミパラチンスク核実験場での核実験の被害を受けた地域の住民に対する賠償金、社会保護についての決定の採択およびカザフスタン政府が提供した他の課題への対応を加速させる。

　カザフスタン社会主義共和国最高会議第 12 召集はその後も核実験の中止を強く主張し続けた。国民代議員らは、自分たちの意見とカザフスタン最高会議の決定をソビエト連邦中央委員会に届けるため、いかなるチャンスも逃さなかった。

　そして 1991 年 8 月 29 日、カザフスタン社会主義共和国第一書記ナザルバエフがセミパラチンスク核実験場の正式な閉鎖を宣言した [41]。その 4 ヶ月後にソビエト連邦が崩壊し、1991 年 12 月 16 日にカザフスタンは独立共和国となった [42]。

4．独立後も核兵器廃絶を訴える

非核兵器保有国へ

　核実験場閉鎖後にカザフスタン政府は、核実験による住民の健康被害の評価に取り組んだ。その結果、カザフスタン国立科学アカデミー、カザフスタン共和国保健省、水文・気象庁、「ネバダ・セミパラチンスク」国際的反核運動の専門家らおよび軍事専門家の協力により、1992 年にカザフスタン共和国自然保護・生物資源省 [43] が核実験場近郊住民の 1949 年から 1989 年までの被ばく線量を復元した（Tleubergenov 1997）。

　放射能汚染による環境被害、住民の被ばく線量、疾病率と死亡率を考慮

41　Указ Президента КазССР от 29 августа 1991 года «О закрытии Семипалатинского испытательного ядерного полигона», Законодательство Республики Казахстан.

42　Закон Республики Казахстан от 16.12.1991 года «О государственной независимости Республики Казахстан», Законодательство Республики Казахстан

43　現在の省名は、環境保護省とエネルギー・鉱物資源省である。

し、カザフスタン政府はセミパラチンスク地域を環境被災地域と認定する
条例を定め[44]、環境の放射能的・衛生的状況の評価の段階的な実施に関す
るプログラムを定めた[45]。これに基づいて、1992 年 12 月 18 日にカザフス
タン政府によって、セミパラチンスク核実験場における核実験による被害
者である住民の社会的保護に関する法律が採択された[46]。

　「ネバダ・セミパラチンスク」国際的反核運動のプログラムは、同運
動によって創始された「地球的反核同盟」（Глобальный Антиядерный
Альянс）のプログラムに統合された。

　1992 年には核兵器の完全廃棄に向けた段階的削減が宣言された。ソビ
エト連邦崩壊後に世界 4 位の量の核兵器を引き継ぎながら、カザフスタン
は核兵器の廃棄を決断し、リスボン議定書の規定を遂行した。それは、国
際社会からの圧力よりも、自国の安全を保障するための選択であり、カザ
フスタンを非核国にすることを目的とした措置だった。1995 年 5 月に最
後の核装置が除去され、カザフスタンは非核兵器保有国となったのであ
る[47]。現大統領のナザルバエフ氏は、核軍縮の功績によって、これまでに
何度もノーベル平和賞の候補に推薦されている。

　ソビエト連邦という国家がなくなり、独立後のカザフスタンは被ばくし
た住民の健康調査とリハビリ、社会保護という課題を背負った。そして、
国際社会に対し協力を呼びかけた。

44　Закон Республики Казахстан от 18.12. 1992 года «О социальной защите
　　граждан, пострадавших вследствие ядерных испытаний на Семипалатинском
　　испытательном ядерном полигоне» , Назарбаев Н.А. Эпицентр мира, Атамура
　　2003 стр. 93

45　Тлеубергенов С.Т. Полигоны Казахстана, Гылым 1997, стр.118-119

46　Закон Республики Казахстан от 18.12. 1992 года «О социальной защите
　　граждан, пострадавших вследствие ядерных испытаний на Семипалатинском
　　испытательном ядерном полигоне» , Назарбаев Н.А. Эпицентр мира, Атамура
　　2003 стр. 93

47　Назарбаев Н.А. Эпицентр мира, Атамура 2003.

国連の支援計画、日本との合同調査

　セミパラチンスク核実験場周辺住民の被ばくについては、人道的問題、社会的問題として国際的にも高い関心が持たれ、国連では 1997 年の第 52 回総会および 1998 年の第 53 回総会において、カザフスタンへの支援計画「カザフスタンのセミパラチンスク地域における人々と環境の回復および経済開発のための国際協力とその調整」が採択された。

　これに先立ち、1995 年にはカザフスタン共和国外務省から世界で唯一の原爆被爆国である日本に対し、核実験の人体および環境に与えた影響に関する合同調査の要請がなされた。また、1997 年 7 月に「ロシア・中央アジア対話ミッション」（団長：小渕恵三衆議院議員）がカザフスタンを訪問した際には、ナザルバエフ大統領から、世界で唯一の原爆被爆国である日本に対しセミパラチンスク問題の解決のために支援して欲しいとの要請があった。これらの要請や 1997 年の第 52 回国連総会および 1998 年の第 53 回総会における決議に応え、日本は多くの支援や共同研究を実施してきた。

　上記決議採択と関連して国連から派遣された専門家チームがカザフスタンを訪れ、カザフスタンの専門家と共同で 1998 年の 6、7 月の 2 ヶ月にわたり被害を受けた地域の状況を調査した。調査結果では、放射線の被害を受けた住民は 160 万人以上であると指摘された[48]。

　また、カザフスタンのイニシアティブによって、1997 年 2 月にアルマティで中央アジア 5 ヵ国（カザフスタン、ウズベキスタン、キルギス、タジキスタン、トルクメニスタン）の首脳会議が開催され、非核地帯化の推進に関する 5 ヵ国首脳会議声明（アルマティ宣言）が発表された。

　その後、これら中央アジア 5 ヵ国は国連軍縮局と IAEA 専門家の支援により、ジュネーブ、アシガバット、タシケント、札幌、サマルカンドなどの都市において専門家作業会合を持ち、条約案を検討した。2006 年 9

48　原水禁止日本協議会 2002 年大会、「ネバダ・セミパラチンスク」国際的反核運動副会長 M.Abishev の報告（原水禁止日本協議会ホームページ http://www.antiatom.org/ より）。

月、これら5ヵ国の首脳はセミパラチンスク市（現・セメイ市）で「中央アジア非核兵器地帯条約」（Treaty on A Nuclear-Weapon-Free-Zone in Central Asia）に調印し、2009年3月に発効した[49]。

実験場閉鎖による人口減少

1991年8月29日のセミパラチンスク核実験場の閉鎖にともない、クルチャトフの状況が一変した。ロシアの軍施設の核実験場の早急な縮小と配置転換は、秘密都市であったクルチャトフの全科学工業（産業）および社会の崩壊の危険性を現実のものとした。

しかしながら、旧セミパラチンスク核実験場とカザフスタンに存在する科学関係組織・施設を背景とした、カザフスタン共和国・国立原子力センターの設立に関する国の指導者の決定により、クルチャトフの科学的水準を維持することができた。

1993年には、クルチャトフでカザフスタン共和国・国立原子力センターが設立され、それ以降も、原子力の基礎研究、産業応用開発、核実験等による放射能汚染地域への対応を目的に研究が進められている。

カザフスタン共和国・国立原子力センターの設立により、各研究原子炉の運用と安全性が保障され、旧セミパラチンスク核実験場の放射能環境調査、汚染回復に関する共和国・科学技術プログラムを完全実施することも可能になった。

カザフスタン共和国・国立原子力センターの活動は、多くの海外からの投資を招き、数百もの労働の場を作った。

核実験中止と実験場の閉鎖により、クルチャトフの人口は3万人以上から約1万人まで減少した。2010年1月1日の統計によると、1万1065人である。そのうち、ロシア人が5746人（51.93%）、カザフ人が4546人（41.08%）、ウクライナ人216人（1.95%）、タタール人が169人（1.53%）、ドイツ人が154人（1.39%）、その他184人（1.66%）である[50]。

49　Назарбаев Н.А. Эпицентр мира, Атамура 2003 стр. 38-80.

50　Департамент статистики Акимата Восточно-Казахстанской области.

当時のクルチャトフの風景
出所：クルチャトフ市博物館

クルチャトフの銅像
出所：クルチャトフ市博物館

当時のクルチャトフの風景
出所：クルチャトフ市博物館

52605 部隊本部
出所：クルチャトフ市博物館

原子力の平和利用を積極的に推進

　核実験による被ばく者を多く抱え、核兵器廃絶を国際社会に訴え続ける
カザフスタンは一方で、原子力の平和利用も積極的に進めている。かつて
核実験に携わった研究者たちが暮らしていた軍事秘密都市クルチャトフ
市は、国を挙げて原子力の民生利用に力を注ぐ拠点に変貌している。カ
ザフスタンのウラン埋蔵量は、150 〜 175 万トンで豪州に次いで世界第 2
位（世界の 20％）、生産量は 2009 年に世界第 1 位になり、2011 年は 1 万
9200 トンに達した[51]。

　1997 年 9 月 10 日、カザフスタン政府は原子力発電所建設計画を発表し、
現在はロシアと良好な関係を維持しつつ、日本、中国、フランスなどと積
極的な原子力外交を繰り広げている[52]。

　かつての軍事閉鎖都市クルチャトフでは、日本の技術を導入して発電効
率の高い原子炉「高温ガス炉」による新型原子力発電所の建設が計画され
ている。カザフスタンと日本の政府間原子力協力協定は、2010 年 5 月 19
日に参議院で承認され同日発効した。日本は、2006 年 8 月に、小泉純一
郎首相がカザフスタンを訪問し、「共同声明」と「原子力平和的利用協力
の促進に関する覚書」に調印して以来、カザフスタンとの原子力協力を拡
大しており、日本原子力発電株式会社や日本原子力研究開発機構（JAEA）
等とも協力覚書を結んでいる[53]。

　ロシアとは、2006 年 10 月に両国が共同して原子力発電所を建設する
ため、対等出資で合弁企業を設立し、カザフスタン西部マンギスタウ州
（Мангыстау）アクタウ市（Актау）近郊に、舶用炉をベースにした中小
型炉 2 基の建設を検討中である[54]。しかし、アクタウ市以外に原子力発電

51　カザフスタン国営原子力企業 Kazatomprom ホームページ www.kazatomprom.kz
　　より。

52　Назарбаев Н.А. Эпицентр мира, Атамура 2003 стр.27-38.
　　К. Токаев Внешняя политика Казахстана в условиях глобализации, Алматы
　　2000, стр.496.

53　日本外務省ホームページ www.mofa.jp より。

54　カザフスタン国営原子力企業 Kazatomprom ホームページ www.kazatomprom.kz
　　より。

所が建設される可能性のある二つの場所の内には、旧セミパラチンスク核実験場も含まれている[55]。

　原子力発電所の新設計画は、福島第 1 原子力発電所事故後も変わっていない。カザフスタン政府は、地球温暖化の原因とされる二酸化炭素の排出が少なく、コストも安い原子力発電所は、将来のために必要だと強調している[56]。

　このため、カザフスタンは核実験の被害者は多いが、豊かな地下資源を活用するため、懸命に原子力の平和利用を推し進め、国民の核に対するイメージを積極的に変更しようと力を入れている。

　原子力平和利用の政策が優先される今日は、セミパラチンスク核実験場の「正史」は新たな傾向を迎えようとしている。

　一般住民の生命が再び、国家利益、経済、政治の次の順に位置づけられているのである。

55　Научно-публицистический журнал «Человек, Энергия, Атом», №2(12) 2011, стр. 17, Алматы.

56　Научно-публицистический журнал «Человек, Энергия, Атом», №2(12) 2011, стр. 11-12, Алматы.

第8章 「ネバダ・セミパラチンスク」
　　　国際的反核運動

1. 詩人スレイメノフによる運動の始まり

初めて挙がった核実験被害の声

　国際的反核運動「ネバダ・セミパラチンスク」（Международное антиядерное движение Невада-Семипалатинск）の歴史は、1989 年 2 月 12 日の地下核実験で大量の放射性ガスが放出した事件直後の 2 月 25 日にさかのぼる。

　1989 年 3 月の第 1 回ソ連人民代議員大会選挙は、制限された形とはいえ、初めて共産党以外の立候補が許された選挙であった。ペレストロイカ（改革）が共産党内部の保守派の抵抗を受ける中、下から民主化の流れを取り込むために、ゴルバチョフは一部自由選挙を導入した[1]。

　カザフスタンからは、以前にアジア的なアイデンティティー復権を題材とした詩で弾圧されたオルジャス・スレイメノフ（Olzhas Suleimenov）が首都アルマ・アタ（現・アルマティ市）から立候補することになった。

　その選挙活動中、彼は、2 月 25 日の全ソ連人民代表者会議のテレビ演説で長年のタブーを破った。選挙演説の代わりに、数日前にセミパラチンスク核実験場で起きた大量の放射性ガスの放出について話しはじめたのである。彼は、40 年も続いている核実験が住民にとって大変危険なものであることを、そして核実験を中止させなければならないことを訴え、カザフスタンの国民へ抗議集会に来るよう呼び掛けた（Boztaev 1998）。

---

[1]　Закон СССР от 1 декабря 1988 года «О выборах народных депутатов СССР» , Ведомости ВС СССР.　1988. № 49. ст. 729.

「ネバダ・セミパラチンスク」国際的反核運動事務所
出所：筆者撮影（2012 年 9 月）

　選挙演説を聞くためにテレビの前に集まっていた国民は、これまで心の中につかえていたものが堰（せき）を切って、流れ出したのを感じたに違いない。これがソ連の核実験被害を公然と語った初めての言葉となった。

　上記の発言を受けて、2 月 28 日、首都アルマ・アタにあるカザフスタン作家同盟前に約 5000 人の群衆が集まった[2]。これは、1986 年のアルマ・アタ事件[3] の次に、カザフスタンの人々が中央（モスクワ）に抗議した 2 回目の出来事であった。

　スレイメノフは、選挙区をセミパラチンスク州に移して、人民代議員に当選した。同時に、3 月 22 日には核実験場の閉鎖を目指す反核団体「ネバダ」を結成した。この団体は、後に「ネバダ・セミパラチンスク」国際

2　Невада-Семипалатинск:15 лет, Движение Невада-Семипалатинск, 2004г.

3　ソビエト連邦のカザフ共和国の首都アルマ・アタで発生した民族暴動である。ペレストロイカ開始以来、ソ連における初めての民族暴動。カザフスタン共産党中央委員会第一書記を務めてきたカザフ人のクナーエフが解任され、代わりにロシア人のコルビンが同職に選出された。しかしこの人選に反発するカザフ人の間で抗議が 17 日にデモの形で発生し拡大、軍や警察との間で衝突になったが 19 日には鎮圧された（地田徹朗 2000）。

「ネバダ・セミパラチンスク」アーカイブより

的反核運動に改名された。

運動の目的

　「ネバダ・セミパラチンスク」国際的反核運動の目標は、カザフスタンにあるすべての核実験場の閉鎖、産業廃棄物の市民によるコントロール、セミパラチンスク地域の環境地図の作成であった。

　運動名に「ネバダ」が含まれている理由には、同運動がアメリカのネバダの核実験中止のためにもたたかうという意志を示すとともに、世界の被ばく者が連帯して被ばく者の救済、核兵器廃絶、核実験の中止のためにたたかおうとする意味も込められている[4]。

　運動を担う各支部は、カザフスタンの 15 州とモスクワ市に開設された。1989 年 3 月から同運動の支持する署名の募集が開始された。数ヶ月後には運動の活動のための募金も始まり、署名の募集の知らせが各施設の看板などに自由に貼られるようになった[5]。

4　Мамекбаев С.А., Алиев К.Т. О.Сулейменов и антиядерное движение «Невада-Семипалатинск» - Алма-Ата. -1998. стр.123-125.

5　Мамекбаев С.А., Алиев К.Т. О.Сулейменов и антиядерное движение «Невада-Семипалатинск» - Алма-Ата. -1998.

　1989 年 6 月には、同運動の副理事長アウエゾフがアメリカ合衆国に出張し、複数の反核 NGO とのネットワークを構築した。その後、世界中の反核運動、反核 NGO との緊密な関係が結成されはじめた。

　1989 年 8 月 6 ～ 7 日、「ネバダ・セミパラチンスク」国際的反核運動の主催で、核実験場から 50 キロメートル離れたアバイ地区の中心地カラウル村とセミパラチンスク市で最も大きな抗議集会が行なわれた。セミパラチンスク市の集会には 1 万人以上、そしてカラウル村の集会には、同村の住民に加え、核実験場周辺に位置する他の村々の住民も含めた 5000 人以上が参加した。それは、彼らがこれまで原因不明とされていた健康被害の原因を知らされたことで[6]、怒りが爆発したためである。住民は今までの苦しみを語り、障害を持って生まれた子どもたちを初めて表に出して[7]、核実験の中止を強く求めた。運動の歌として「ザマナイ」（時代）という歌（本書 191 頁）が決定された。

6　核実験は近郊住民に何も知らせることなく、秘密裏に行われていたが、川野の 2006 年のアンケート調査では回答者の 80％以上の人々が、1960 年代までに爆発が核実験だと知っていたと回答している。しかし川野によれば、この 80％の人々は、核実験だと知っていたとしても、核実験による放射線の影響を知っていたということではないと考えた方が自然だと示している（川野 2006）。
　　筆者の調査（2009）では、核実験であることを 1953 年 8 月の初の水爆実験にともなう強制移住の時に知った、あるいは 1953 年の水爆実験に成功したとの新聞記事を通じて知ったと答えた人々がいる。しかし、彼らも核兵器の実験であることを知っていたとしても、実験の影響について全く知らなかったと回答した。このことから、一般住民が核実験の悪影響を認識し始めたのが、「ネバダ・セミパラチンスク」反核運動が設立された 80 年代の後半だと考えられる。また、セミパラチンスク市に住むいわゆる知識層の回答者らからは、放射線の影響をよく認識していたものの、それについて初めて自由に話せた時期が 80 年代後半であったとの証言をも得た。

7　住民の中で新生児の奇形を自分のせいにし、他の人々に見せるのが恥ずかしいとの考えから、80 年代後半まで一度も家から出していないケースが多い（筆者による調査 2009）。

2．国際的ネットワークの拡大

1989 年 10 月 4 日の核実験への抗議の声

　1989 年 10 月 4 日、ソ連週刊紙『モスクワ・ニュース』が 1949 年 8 月 29 日にセミパラチンスク核実験場で行なわれた最初のソ連原爆実験の秘話と、国防省映画班が撮影したキノコ雲と実験場の写真を公開する。同日、セミパラチンスク核実験場で地下核実験が実施されたことをモスクワ放送が伝えた[8]。翌 5 日に「ネバダ・セミパラチンスク」国際的反核運動は、セミパラチンスク核実験場での核実験を止めなければ、炭鉱労働者がストライキを起こすと警告した[9]。

　10 月 7 日、カザフスタン社会主義共和国腫瘍学・放射線研究所科学所長、カザフ科学アカデミー会員にして、「ネバダ・セミパラチンスク」の活動家であったバルムハノフ（S. Barmukhanov）博士は、核戦争防止国際医師会議[10] の広島大会会場で、セミパラチンスク周辺で核実験に抗議する 36 枚の写真を初公開した[11]。

　10 月 10 日、「ネバダ・セミパラチンスク」のスレイメノフ議長が、ゴルバチョフ・ソ連最高会議議長、ヤゾフ国防相、アメリカのチェイニー国防長官に電報を送り、ソ連が 10 月 4 日にセミパラチンスクで核実験をしたことに憂慮の念を表明した。

8　中国新聞ヒロシマ平和メディアセンターホームページ www.hiroshimapeacemedia. jp より。

9　Г.С.Джангирова, История антиядерного движения в Казахстане(1985-2006гг.), Республика Казахстан 2009.

10　IPPNW = International Physicians for the Prevention of Nuclear War.　1980 年に設立された核戦争を医療関係者たちの立場から防止する活動を行うための国際組織。各国に支部があり、日本支部の事務局は広島県医師会内にある。IPPNW（核戦争防止国際医師会議）日本支部ホームページ http://www.hiroshima.med.or.jp/ippnw/より。

11　IPPNW（核戦争防止国際医師会議）日本支部ホームページ http://www.hiroshima. med.or.jp/ippnw/ より。

カラウル村での住民の抗議集会
出所：セメイ市歴史博物館より

10月19日には、次の地下核実験が行なわれた。運動のうねりは全国に広がり、カラカンダ市（Караганда）の炭坑でゼネストに突入し、石炭の供給をストップし、モスクワに圧力をかけた。

このような約13万人の鉱山労働者による抗議集会は、セミパラチンスク市、パブロダール市、ウスチ・カメノゴールスク市、ジェズカズガン市の労働者によって支持された[12]。

10月21日、首都アルマ・アタとセミパラチンスク市で6万人以上の反核実験デモが行なわれた[13]。以上に見られるように、「ネバダ・セミパラチンスク」国際的反核運動には、年齢や職業を問わず全部で200万人以上

---

12 Мамекбаев С.А., Алиев К.Т. О.Сулейменов и антиядерное движение «Невада-Семипалатинск» - Алма-Ата. -1998. стр.123-125.

13 Г.С.Джангирова, История антиядерного движения в Казахстане(1985-2006гг.), Республика Казахстан 2009.

の人々が参加し、セミパラチンスク市と首都アルマ・アタを中心に全国で国民による抗議集会が次々と開かれた。

カザフスタンでの核実験禁止国際市民会議

　1989年10月30日、ソ連閣僚評議会の軍産問題関連委員会が、セミパラチンスク核実験場を巡る状況にともない、1989年10月をもって同核実験場での核実験を一時的に中止する決定を採用した[14]。それゆえ10月19日の地下核実験が最後の核実験となったのである。

　「ネバダ・セミパラチンスク」は、引き続き世界中の反核運動とのネットワーク構築に力を入れた。

　同1989年の11月に人民代議員、「ネバダ・セミパラチンスク」理事長スレイメノフが率いる当時のカザフスタン議員らから構成された代表団がアメリカ合衆国に出張し、ニューヨーク、ワシントン、ボストンにおいて国連の代表ら、国家議員ら、マスコミ関係者ら、反核活動を行なっているNGOなどの組織の代表者らと面会した。また、核戦争防止国際医師会議（International Physicians for the Prevention of Nuclear War ＝ IPPNW）の創設者B・ラウン（B. Lown）と米国科学者連盟（Federation of American Scientists）[15]の代表J・ストーン（J. Stone）との面談で、1990年5月にカザフスタンの当時の首都アルマ・アタで核実験禁止国際市民会議を開催する約束に至る[16]。

　1989年末に、同運動を支持する署名の数は100万筆を超えた。

　1990年3月31日、ネバダ核実験場入り口で軍拡を止める世界行動が起こった。同実験場周辺に住む被害者団体「市民の声」や、「ネバダ・セミパラチンスク」など7ヵ国の反核団体から2000人が参加した。

　上記した、カザフスタンでの核実験禁止国際市民会議が開かれる直前

14　Н.Р. Жотабаев Долгое эхо ядерных испытаний, Алматы «Самара-принт» 2011, стр.55-56.

15　原子力科学者を中心とした非営利団体。核廃絶に向けた活動を行っている最古参の団体。FAS: 米国科学者連盟ホームページ http://www.fas.org/ より。

16　Материал Международного Конгресса, Алма-ата, май, 1990г.

1989年、カラウル村での「ネバダ・セミパラチンスク」運動の反核デモに外国から参加した女性たち

の 1990 年 5 月 17 日、「ネバダ・セミパラチンスク」の主催で、広島の被爆者とセミパラチンスクの被害者が、広島市の中国放送と当時のカザフスタンテレビが企画した衛星中継で討論を行ない、各々の体験を語り合った。カザフスタン側が、「被爆者医療の経験を学びたい」と要望したのである。この衛星中継は、ソ連全国中央テレビ局でも放送された [17]。

　1990 年 5 月 24 日から 27 日まで、首都アルマ・アタで核実験禁止国際市民会議「世界の投票者が核実験に反対」が開催された。この会議は政府関係者の接触や参加なしに行なわれた。セミパラチンスク、ネバダ、広島をはじめ、イギリス、スウェーデン、フランス、ドイツなど世界 30 ヵ国の被ばく者らと医師らが参加した。広島からは広島原水禁の 6 人と広島平和文化センター理事長ら 3 人が参加した [18]。

　この歴史的な会議は、包括的核実験禁止キャンペーンに新しいエネルギーを与えた。同会議のまとめとして、核戦争防止国際医師会議のラウン博士と「ネバダ・セミパラチンスク」の理事長スレイメノフが、当時のアメリカ合衆国大統領 G・ブッシュ（G. Bush）とソ連初代大統領 M・ゴルバチョフ（M. Gorbachev）宛てにセミパラチンスク、ネバダの核実験場の閉鎖と非核化を求めるレターを送った。会議終了後、参加者らは核実験場周辺の村々を訪問した [19]。これにともない、カラウル村では会議の参加者らと現地住民を含む集会が行なわれた。

　1990 年 5 月 28 日、上記核実験禁止国際市民会議の参加者らが、アメリカの核実験に抗議してモスクワ米大使館前でデモを起こした [20]。

17　Г.С.Джангирова, История антиядерного движения в Казахстане(1985-2006гг.), Республика Казахстан 2009.

18　中国新聞ヒロシマ平和メディアセンターホームページ www.hiroshimapeacemedia.jp より。

19　Материал Международного Конгресса, Алма-ата, май, 1990г.

20　中国新聞ヒロシマ平和メディアセンターホームページ www.hiroshimapeacemedia.jp より。

3．核実験場の閉鎖——ユネスコ世界記憶遺産の登録へ

最後の核実験への抵抗

1990 年 2 月 28 日から 1991 年の中旬まで「ネバダ・セミパラチンスク」は、『投票者』（Избиратель）という新聞を発行していた（12 枚、5 万部）が、経済的な理由から中止になる[21]。

1990 年 9 月と 1991 年 8 月、「暴力のない世界を。地球の生存のために」というスローガンの下、平和行進がカザフスタン全国を駆け巡った。この平和行進にアメリカ、日本、フランス、ドイツ、ソ連諸国の NGO の活動家らも参加した[22]。同平和行進は、ネバダを中心に世界中の核実験の中止を訴えた。

1990 年 8 月 1 日、「ネバダ・セミパラチンスク」のスレイメノフ議員ら代表 12 人が日本原水禁世界大会参加のためヒロシマを訪問した。原水禁世界大会は広島市中区の市中央公園で開幕し、7000 人が参加した。スレイメノフが演説の中で「世界のヒバクシャが連帯を」と訴えた[23]。

1991 年 1 月 12 日、同運動のイニシアティブで、国際環境 NGO グリーンピース（Greenpeace）、原水禁、核戦争防止国際医師会議（IPPNW）など有名な国際反核組織や NGO から構成された「地球的反核同盟」が結成された。この同盟の国際会議が 3 回カザフスタンで開催された。

1991 年中旬、同運動の招待で核実験の影響および地域の医療状態を知るためにトルコ・ドイツ医療ファンドのドイツ医師らがセミパラチンスク市を訪問した。これにともない、現地の医師らの参加を含む会議が開催さ

21　Мамекбаев С.А., Алиев К.Т. О.Сулейменов и антиядерное движение «Невада-Семипалатинск» - Алма-Ата. -1998.

22　О.Сулейменов, В. Якимер Третья гонка. II Спасение, 1991, N4.

23　中国新聞ヒロシマ平和メディアセンターホームページ www.hiroshimapeacemedia.jp より。

れた[24]。

1991年5月から9月にかけて、「ネバダ・セミパラチンスク」が、セミパラチンスク市から広島、長崎、ネバダなど世界の核被害地を回り反核を訴える「平和な21世紀への遊牧」を提唱 した。

1991年8月、ソ連防衛省がセミパラチンスク核実験場での最後の三つの核実験を行ないたいと伝え、賠償金としてセミパラチンスク地域に500万ソ連ルーブルを配分することを約束する。当時のカザフスタン政府は国民投票での決定を提案したが、「ネバダ・セミパラチンスク」は、これらの三つの核実験に反対するよう強く訴えた。

1991年8月29日、セミパラチンスク核実験場の正式閉鎖

このように、セミパラチンスク核実験の真実を世界が知ったのは、「ネバダ・セミパラチンスク」の設立後である。運動の強みは、一般市民による積極的な活動と熱意であったに違いない。このような運動の結果、ソ連軍産複合体が1989年に予定していた18の核実験のうち11を中止させることができた。1989年10月19日に行なわれた実験が最後の実験となり、これまで長い間続いてきた一連の核実験は、終止符を打ったのである[25]。

スレイメノフの市民グループは、核実験場周辺村々での住民集会、映画製作、国際会議の開催、世界の反核運動との交流など、すさまじいエネルギーで実験場反対運動を繰り広げた。彼らの動きは、セミパラチンスク州第一書記ボズタエフによって支えられていたのである（Boztaev 1992）。

「ネバダ・セミパラチンスク」の設立から2年半後の1991年8月29日に、セミパラチンスク核実験場は正式に閉鎖された[26]。これは国際的な反

---

24 Мамекбаев С.А., Алиев К.Т. О.Сулейменов и антиядерное движение «Невада-Семипалатинск» - Алма-Ата. -1998.

25 Г.С.Джангирова, История антиядерного движения в Казахстане(1985-2006гг.), Республика Казахстан 2009.

26 Указ Президента Казахской Советской республики о закрытии семипалатинского испытательного ядерного полигона - Казахстанская правда,1991,30 августа

核運動の勢力、そして国民的外交の大きな勝利であった。

この後、核実験の国際モラトリアムが行なわれ、ノヴァヤゼムリャ（ロシア連邦）、ネバダ（アメリカ合衆国）、ムルロア環礁（フランス）、ロブノール（中国）での核実験が止まった。

1996 年 9 月、国連総会によって包括的核実験禁止条約（Comprehensive Nuclear Test Ban Treaty）が採択された。これは、1963 年の部分的核実験禁止条約において禁止の対象とならなかった地下核実験をも禁止対象とするものになった。包括的核実験禁止条約は多数の国から支持され署名されている[27]。

セミパラチンスク核実験場閉鎖後の 1991 年 12 月、「ネバダ・セミパラチンスク」国際的反核運動は「放射能・環境・健康」独立市民委員会[28]を設立した。医学、物理学、生物学の分野に著名な学者、専門家らからなる同委員会は、「大地と人間の復活」包括的プログラムの開発を始めた。これにより運動の新しい段階が始まり、カザフスタンにおける環境意識や、環境モニタリングの基礎が構築されたのである。

1992 年 4 月、「放射能・環境・健康」独立市民委員会による初の学会が開かれ、核実験による被害など、人為的な影響による環境汚染を受けたカザフスタンの地域の復活を目的とした「大地と人間の復活」包括的プログラムが採用された。

2005 年、「ネバダ・セミパラチンスク」国際的反核運動の活動記録（視聴覚ドキュメント）は、ユネスコの世界記憶遺産に登録されている[29]。

27　日本原子力委員会ホームページ：原子力白書（平成 17 年版）、http://aec.jst.go.jp/jicst/NC/about/hakusyo/hakusyo2005/index.htm より。

28　Независимый общественный комитет «Радиация. Экология. Здоровье».

29　ユネスコ世界視聴覚遺産の日のポータルサイト http://archives.pia.gov.ph/wdavh2010/ より。

エピローグ
──ザマナイ〜時代よ！〜

カザフ人の心の中に特別な位置を占める歌

　歌詞もメロディーもインパクトが強い「ザマナイ」は、U・エスダウレトフ氏によって作詞され、楽曲はセミパラチンスク出身の作曲家T・ムハメジャノフ氏によって作られた。オリジナル歌手は、セミパラチンスクで生まれ育った国民的歌手、ローザ・リムバエワ氏である。この曲は、被ばくによって健康が損なわれ、先祖から受け継いだ大切な大地が痛めつけられた人々の心の叫びである。歌詞にある「思いやりに飢えた時代」との言葉は、時代の特徴をとてもよく伝えていると思う。

　「ザマナイ」は、1989年に実験場閉鎖を求める市民運動「ネバダ・セミパラチンスク」が巻き起こった際、カラウル村でのデモで住民が歌ったことがきっかけとなり、その波が全国に広がって反核実験運動の歌になっていった。

　私も親と一緒に、セミパラチンスク市中央広場での大きな反核実験デモ（集会）に行ったことを覚えている。「世界に平和を」、「核実験をストップ」などと大きく書かれた紙を手に持った人が大勢いて、前に出てスピーチをしたり、時折「ザマナイ」を歌ったりしていた。この日のことが新聞に出て、まだ歩き始めたばかりの弟が写真に写っていた。その新聞記事は、いまも家族のアルバムに保存してある。

ヒロシマの歌にもなった「ザマナイ」

　2000年から2001年にかけての1年間、広島に留学中に、この歌を多くのステージで歌う機会があり、カザフ語の歌詞が分からなくても、「ザ

「ザマナイ」

作詞　Ｕ・エスダウレトフ
作曲　Ｔ・ムハメジャノフ

走る馬を止めるほど強かった息子たちの体力はどこへ消えた？
娘たちの長い三つ編み髪はどこへ消えた？
思いやりに飢えさせられた　ザマナイ（時代よ）ザマナイ（時代よ）ザマナイ（時代よ）
生まれた大地の清きは汚された。

哀れなる我が国民（と）
哀れなる我が大地（が）
苦しめられた。
（そして）優しさが乱用された。
繰り返された爆発に痛められ続けた愛しい我が大地。

先祖の聖なるお墓を壊して、今はその罰を受けている。
一番大切なものを奪い取った　ザマナイ（時代よ）ザマナイ（時代よ）ザマナイ（時代よ）
カザフ人よ、身を休める大地はどこへ消えた？

哀れなる我が国民（と）
哀れなる我が大地（が）
苦しめられた。
（そして）優しさが乱用された。
繰り返された爆発に痛められ続けた愛しい我が大地。

私たちどうして泉から毒を飲むの？
私たちどうしてみんなから取り残されてしまうの？
生まれた大地を壊すよりは　ザマナイ（時代よ）ザマナイ（時代よ）ザマナイ（時代よ）
どうして私たち恥じて地に埋まってしまわないの？

哀れなる我が国民（と）
哀れなる我が大地（が）
苦しめられた。
（そして）優しさが乱用された。
繰り返された爆発に痛められ続けた愛しい我が大地。

（訳：筆者）

「サマナイ」を歌う筆者（2000 年）

マナイ」は日本の方々の心にも届いていることを歌うたびに感じていた。歌っている瞬間、いつも、セミパラチンスクのこと、被ばくした人々のことなどが目に浮かんでいた。

　私たちの帰国後も、毎年山陽女学園に来るセミパラチンスクからの留学生の全員が、この「ザマナイ」を広島で歌うようになった。こうして「ザマナイ」がヒロシマの歌にもなっていた。

　2003 年、再来日した際、私は市民団体「ヒロシマ・セミパラチンスク・プロジェクト」の小畠知恵子さんと共同で「ザマナイ」の日本語訳を行なって、みんなの前で披露することを考えついた。当時初めて、日本語の歌詞による「ザマナイ」を広島の方々の前で歌わせていただいた。

　また、2009 年 7 月 31 日　平和公園慰霊碑前で開かれた「ヒロシマ平和の灯のつどい」（主催：広島市女性団体連絡会議）で「ザマナイ」を歌い、初めて歌った 2000 年に比べて、この歌がヒロシマにすっかり馴染んでいることを強く感じた。

　2009 年 8 月 7 日に NHK 総合で放送された「ノーモア・ヒバクシャ〜核兵器のない世界を目指して〜」では、日本とカザフスタンを生中継で結

び、ローザ・リムバエワの「ザマナイ」の歌声が響いた。この放送は特に
広島で多くの反響を呼び、市民団体「ヒロシマ・セミパラチンスク・プロ
ジェクト」には、CDの制作を要望する声が届くようになった。2010年
11月、ローザ・リムバエワがカザフ語、高橋朋子が日本語と英語で歌う
CD「ザマナイ」がリリースされた。

2011年10月、NHK BSプレミアム「Amazing Voice 驚異の歌声『女
たちの地平線〜カザフスタン〜』」が放送され、震災に遭った日本に向け
て、ローザ・リムバエワが「ザマナイ」を歌った。この放送の反響を受け
て、2012年にはローザ氏が広島に招聘され、本人による「ザマナイ」の
歌声が平和公園に響き渡った。現在、広島では元劇団四季の道田涼子氏が
「ザマナイ」を日本語で歌っており、2016年にカザフスタン大統領が広島
を訪問した際も歌を披露した。

こうして「ザマナイ」が今も、国境を問わず多くの人々を繋いでいる。

調査を通して

私は一連の調査を通じて、被害者は自分が被害者であることを認められ、
共感され、ある程度のケアを受けてから初めて、その体験を有意義に使お
うと意識するようになると感じた。

現在、旧セミパラチンスク核実験場付近に住む被害者たちが強く求めて
いるのは、経済的支援、医療的支援の向上であることは確かだが、その要
求が満たされるとすれば、次に「ポリゴン」が繰り返されないことをただ
希望するだけではなく、彼らの中から自発的に証言を書き残すなど、その
ために具体的な行動をも起こし始める人々が現れるだろう。

彼らに対し、政府はセメイ市内の医療施設を増やすなど、治療に重点を
置いた支援を行なってはいるが、それはまだ全てのニーズを把握しきれて
いない。セメイ市と各村を繋ぐ道路の改良、村々の衛生状態の改善、学校
教育の多様化、食生活の豊富化、精神科医による持続的なカウンセリング
など、未解決の課題がまだまだ残っている。

住民の中で、核実験が開始された頃のことを覚えている人はとても少な
い。私も、最初の核実験にまつわる確かな証言を手に入れるのに苦労した。

一人一人の話を聞きながら、彼らの証言を記録し、保管することの重要性は計り知れないものであることを痛感した。これは、カザフスタンという国にとって大きな歴史的遺産になるだけではなく、同じような被害から多くの命を救うための重要な知恵ともなるだろう。

　私は、セミパラチンスクの被害者たちの生きた歴史と彼らの受けたダメージとが、ヒロシマやナガサキの被爆者たちのように世界に広く知られ、証言の一つ一つが大事に保存され、核開発に反抗するグローバルな歴史の一部になってほしいと願っている。

　通常カザフスタンでは、村で亡くなった人々のお墓は村よりも少し離れたところに位置している。だから、車で村に入って行く際には、いつも最初にその村の墓場を目にすることとなる。調査対象になったどの村に関しても言えることは、お墓の数の方が村民の規模を上回りつつあることだ。それはまるで、閉鎖された実験場の亡霊がお墓に代わり、人々の命を追いかけ続けているかのようにも見える。

　カザフ人は自殺を大罪と見なすため、自殺した人々のお墓は、一般のお墓から離れたところに、孤立して建てられていた。しかし、自殺が多いことから、近年ではその区別がつかなくなっている。私はこのような、他よりも少し離れたお墓の中で、9歳、10歳、11歳の子ども達のお墓も目にし、心がとても痛かった。

　——みんな、私たちが亡くなるのを待っている。私たちが亡くなれば、問題もなくなるからだ——。孫の墓参りに来ていた年配の女性から耳にした言葉。あのフィールドワークから数年経った今も、この言葉を発した彼女の声が頭から消えない。涙を流しきって、自分の運命を素直に受け止めるほかできることがなく、毎日のように孫のお墓参りをする彼女の姿は、核実験の影響で我が子を亡くしたすべての母親を表しているかのように思えた。

謝辞

　本書の基になった論文を書く機会を与えてくださり、ご指導頂きました落合一泰先生に心よりお礼を申し上げます。多忙の中、本研究に関する多

数のアドバイスとご指導を頂きまして本当にありがとうございます。また、セミパラチンスク問題へのご関心と私に対する精神的なご支援にも深くお礼を申し上げます。人類学に深い関心を持つようになったのは先生のお陰です。

本研究の調査対象地域である5村（サルジャル、カラウル、カイナル、ズナメンカ、ドロン）とセミパラチンスク市の住民の方々にはいくら感謝をしても足りません。私を信頼し、インタビューにご協力を頂いたことを心から深く感謝いたします。皆さまにいただいた多くの貴重な証言は、私にとって大きな意義を持っています。ときに辛い体験や思いを話してくださったことに、心から感謝をいたします。

そして、私に広島への留学という機会をくださった、山陽女学園と市民団体「ヒロシマ・セミパラチンスク・プロジェクト」の皆さんに感謝の気持ちを伝えたいです。

また、研究生として私を一橋大学に受け入れてくださり、修士課程でセミパラチンスクの被ばく者の問題に関する研究をするように薦めてくれた加藤哲郎先生に心から御礼を申し上げます。丸山眞男の本を通じて、政治学に関するたくさんの知恵をご教示頂き本当にありがとうございます。

そして、修士課程1年目の指導教員であった関啓子先生にも、深い御礼を申し上げます。地球市民論、異文化間教育論の授業を通じて、母国のカザフスタンのことも含め、中央アジアとコーカサスの人間形成について多くの知識を得ることができました。

また、自分が書いた修士論文が本になることなど夢にも思わなかった私のもとへ、出版のご提案をしてくださった花伝社の平田勝社長及び編集者の山口侑紀氏、そしてそれを後押ししてくださった加藤哲郎先生に深いお礼を申し上げます。

論文を書き進めるにあたり、私の日本語を丁寧に訂正してくださった佐喜真彩さんと上西欧さんに深く感謝をいたします。

また、遠く離れていても私を精神的に支え励ましてくれた、カザフスタンに住む両親 Omrzak Sultanov と Barshagul Tokkarina に、そして兄弟 Kairat と Murat、その家族に心から感謝をしています。

そして最後に、いつも大きな支えになっている主人のシナン・レヴェント（Sinan Levent）と 2 人の娘、親友の Maria Ivanova と Ainash Idrissova に感謝を込めて——。

2018 年 7 月　　筆者

付録：先行研究について

　カザフスタン独立後、セミパラチンスク核実験場の問題が世界の注目を集めることで、これに関連する研究が急速に進み始めた。環境問題についての研究の結果は、M. Eleusizov[1]、B. Bekturganov[2]、K. Kubeisinov[3]、A.T. Aigoziev[4]、R.B. Kirildakov[5]、T.K. Iskakov[6] の論文に詳しく書いてある。E.L. Zimovina の論文「カザフスタンの環境被災地における社会・経済的および人口統計学的プロセス」[7]も重要な先行研究として挙げられる。カザフスタンにおける環境安全の問題を理解するために A.N. Nisanbayev[8]、

1　Елеусизов М. Казахстан не ядерная свалка // Табигат 2002, № 1. стр 1.

2　Бектурганов Б. Экология и репродуктивное здоровье женщин Казахстана // Сборник докладов и выступлений Международной научно-практической конференции, Алматы 2001. стр. 211.

3　Кубейсинов К. О негативном влиянии комплексных ядерных испытаний на биосферу и о необходимости социальной защиты пострадавших граждан // Тезисы докладов на III Конгрессе Глобального антиядерного альянса, Астана 2000, стр. 17.

4　Айгозиев А.Т. Эколого-экономическая устойчивость Республики Казахстан, Алматы: Наука2000, стр. 184.

5　Кырылдаков Р.Б. Социологический анализ деятельности экологических неправительственных организаций в Республике Казахстан: Автореф. дис. канд., Алматы 2001.

6　Искаков Т.К. Полигон и его последствия // Казахстанская правда,19 февраля 2002, стр. 3.

7　Зимовина Е.Л. Социально-экономические и демографические процессы в зонах экологического бедствия Казахстана. Автореферат, Караганда 2001.

8　Нысанбаев А.Н. Социальные проблемы сохранения и использования биологического разнообразия в контексте устойчивого развития// Казахстан на пути к устойчивому развитию, Гылым 1996,стр. 366.

V.N. Vasilenko[9]、R.K. Kadirzhanov[10]、S.L. Smirnov[11]、S.A. Bisembaev[12]、V.S. Mashkevich[13]、V.M. Yunishin[14]、Zh.A. Abylaev[15]、R. Ibraev[16]、E. Belozerov[17] の論文が役に立つ。また、T.A. Alimbaev の論文「カザフスタンにおける環境問題:歴史的経験と教訓（1970 - 1990)」[18] では、国内の環境問題の重要なポイントが反映されている。

　セミパラチンスク核実験によって被害を被ったのは、セミパラチンスク

9　Василенко В.Н. Экологические конфликты общества как предмет социологии и социальной экологии// Социс.1998, №3, стр.74-78

10　Кадыржанов Р.К. Гражданское общество как условие устойчивого развития Казахстана в периходный период// Казахстан на пути к устойчивому развитию, Гылым 1996, стр.173-177

11　Смирнов С.Л. Территориально-этнические и водные проблемы стран Центральноазиатского региона// 10 лет независимости Казахстана: итоги и перспективы развития. Материалы международной нацчной конференции 22-24 февраля, Алматы 2001,т.3.

12　Бисембаев С.А. Экологическая безопасность – важнейший фактор предупреждения чрезвычайных ситуации// Саясат 1999, №11-12, стр.479-509

13　Машкевич В.С., Атчабаров Б.А. Ядерный полигон в Семипалатинске и здоровье населения Казахстана// Тезисы международной конференции «21 век – навстречу миру свободного от ядерного оружия» Алматы 2001, стр.36

14　Инюшин В.М. Биогенизация воды реки Иртыш для ликвидации вредных последствий ядерных испытаний на Семипалатинском полигоне//Тезисы докладов на международной научно-практической конференции «Биофизика – 21 век», Алматы 2000, стр. 23.

15　Абылаев Ж.А. Научное обоснование экорадиоиндуцированности отдельных классов болезней на территории Семипалатинской области // Генетические последствия влияния многолетних ядерных испытаний на Семипалатинском испытательном полигоне на организм человека и окружающую среду: Материалы первой Алматинской научно-практической конференции, Алматы 1997, стр. 25-26.

16　Ибраев Р. Реквием по будущему // Новости недели. 2001, № 24. 20-26 июня.

17　Белозеров Е.С. Социально-экологические аспекты здоровья человека, Гылым 1993, стр. 224.

18　Алимбаев Т.А. Экологические проблемы в Казахстане: исторический опыт и уроки (1970-1990 гг.). Автореф. дис. докт. ист. наук. Алматы 1999.

市を含む東カザフスタン州、パブロダール州、カラガンダ州、またロシアのアルタイ地方の住民であるが、これに関する研究は、M.A. Abishev[19]、B.I. Gusev[20]、G.K. Raisova[21]、G.M. Sergazina[22] の博士論文において紹介されている。『Medicine Radiology』に記載されているロシア保健省の A.F. Tsib 教授の記事[23] では、核実験場近郊住民の健康状態について記述されている。彼は、地域における白血病、癌などの高い発生率は放射能の影響であることを証明している。

1989 年 7 月に「カザフスタン社会主義共和国におけるセミパラチンスク地域の環境と住民の健康状態」をテーマにした学会で O.M. Kim 教授の「セミパラチンスク核実験場：昨日、今日、明日」[24] が発表されている。Kim は、被ばくした住民の健康被害を示し、核実験場の閉鎖に至った「ネバダ・セミパラチンスク」国際的反核運動の活動にも触れている。カザフスタンの著名な環境学者である S.T. Tulepbergenov のモノグラフィー『カザフスタンにおける諸核実験場』[25] では、過去にカザフスタンで機能し

19 Абишев М.А. Социологическая оценка деятельности международного антиядерного движения «Невада-семипалатинск», Алматы 2002.

20 Гусев Б.И. «Медико-демографические последствия облучения населения некоторых районов Семипалатинской области вследствие испытаний ядерного оружия, Автореферат докт.дис., Алма-ата 1994.

21 Раисова Г.К. Радиационно-гигиеническая характеристика районов, прилегающих к Семипалатинскому испытательному ядерному полигону, Семипалатинск 1997.

22 Сергазина Г.М. О деятельности «Союза пострадавших от ядерныхиспытаний» // Материалы 2-ой Межд. Научной конференции «Казахстан-Россия: политика, экономика и культура IX-XX веков», Семипалатинск 1998.

23 Цыб А.Ф. Вокруг Семипалатинского полигона: радиологическая обстановка, дозы облучения населения Семипалатинской области. По материалам межведомственной комиссии //Мед. Радиология 1990, № 12, стр.3-7

24 Ким О.М. Семипалатинский ядерный полигон: вчера, сегодня, завтра. Семипалатинск 1992, стр.35

25 Тлеубергенов С.Т. Полигоны Казахстана, Гылым 1998.

ていた各種実験場が付近に住む住民に対して与えていた健康被害について書かれている。Tulepbergenov が核実験で被ばくした人々の権利を検討し、旧ソビエト連邦軍産複合体[26]の行為を我が国民に対する犯罪として評価している。

V.N. Mikhailov の『Nuclear weapons tests and peaceful nuclear explosions in the USSR 1949-1990』[27] では、セミパラチンスク核実験場におけるすべての核実験の説明と年表が非常に詳しく記述されている。I. Chasnikov[28] の『核実験の木霊』から「ネバダ・セミパラチンスク」国際的反核運動の活動家であるこの学者の自分史が読み取れる。

実験場周辺の環境問題および住民の健康被害とリハビリに関する各種調査に大きく貢献した学者としては、科学アカデミー会員である B.A. Atchabarov が広く知られている。彼が 1995 年に書いた『セミパラチンスク核実験場——事実と考察』[29] では、1958 ～ 1960 年に、中央カザフスタンのいくつかの地区における住民の健康診断および核実験の悪影響の可能性を調査するために編成されたカザフ社会主義共和国科学アカデミーとカザフ社会主義共和国保健省の専門家らによる調査団の結果に基づいて、セミパラチンスク核実験場における核実験を通して近郊住民および環境に計り知れない損害を与えた旧ソビエト連邦軍産複合体の行為を告発する。

1990 年にカザフスタン科学アカデミー会員 S.B. Balmukhanov 博士の「私の目でみた核実験場」[30] という記事が『プロストル誌』（Простор）に

26　軍事産業の維持・発展を積極的に推進することを目的にした共産党、軍部、官僚、軍事産業部門による中央集権的な軍産複合体。

27　Mikhailov, V.N. (1996), Nuclear weapons tests and peaceful nuclear explosions in the USSR 1949-1990, Ministry of the Russian Federation on Atomic Energy and Ministry of Defence of the Russian Federation, Moscow; В.Н. Михайлов Ядерные испытания СССР, Том 1, Саров, ВНИИЭФ 1997г.

28　Часников И.Я. Эхо ядерных взрывов, Алматы 1998.

29　Атчабаров Б.А. Семипалатинский полигон-факты и размышления, Национальная академия наук Республики Казахстан, Алматы 1995.

30　Балмуханов С.Б. Атомный полигон моими глазами//Простор 1990, №11, стр.155-174.

よって公開された。これに対する反響は大きく、当時の社会から高く評価された。S.B. Balmukhanov は、放射能の人間に与える被害に詳しい放射線生物学者であり、セミパラチンスク核実験場周辺の環境と住民の健康状態の調査のためにカザフスタン社会主義共和国科学アカデミーが構成した特別調査団（1957 ～ 1960 年）に参加している。彼は、1998 年に『私の目でみた核実験場』[31] というモノグラフィーを出版し、セミパラチンスク地方の被ばく問題を全面から記述している。このモノグラフィーに核実験場の閉鎖を求めてたたかった医師や学者達の論文等も載せられている。

G. Jangirova の 2008 年の論文「国際反核運動ネバダ・セミパラチンスクの歴史 1989 – 2005」[32] では、同運動の設立と展開について詳しく書かれている。

ロシア国防省に所属する V.A. Logachev の『セミパラチンスク核実験場——核実験の放射能的安全性の保証』[33] は、重要なモノグラフィーである。その編集には、核実験を行なった側であるロシアの多くの学者、専門家、ロシア連邦の保健省、エネルギー省、原子力省、国防省、気象庁、環境モニタリングの専門委員会が関わっていた。

重要な参考文献として、1987 年から 1991 年までセミパラチンスク州共産党委員会第一書記を務めた、K.B. Boztaev の『セミパラチンスク核実験場』[34]、『8 月 29 日』[35]、『カイナル症候群』[36]、『人間と原子』[37] が挙げられる。彼の本は、自身の経験に基づいて書かれており、セミパラチンスク地域政

31　Балмуханов С.Б. Ядерный полигон моими глазами, Алматы, 1998.

32　Джангирова Г.С. История антиядерного движения в Казахстане (1989-2005), Автореф. дис. канд. , Алматы 2009.

33　Логачёв В.А. Ядерные испытания СССР. Семипалатинский полигон. Обеспечение общей и радиационной безопасности ядерных испытаний. Москва 1992.

34　Бозтаев К.Б. Семипалатинский полигон, Атамура 1992.

35　Бозтаев К.Б. 29 августа, Атамура 1998.

36　Бозтаев К.Б. Синдром Кайнара, Атамура 1994.

37　Бозтаев К.Б. Человек и атом, Алаш 2006.

府と軍産複合体の対立や「ネバダ・セミパラチンスク」国際的反核運動に関する重要な情報を含んでいる。

　また、N.N. Nazarbayev の『21 世紀を迎えて』[38] と『平和の中心地』[39] も重要な文献である。これらに核兵器の問題、カザフスタンによる非核国家のステータスの取得、核実験場の閉鎖過程等が書かれている。

　カザフスタンの政治家 K.K. Tokaev の『独立の旗の下で——カザフスタンの対外政策』[40] では、核兵器を含む原子力エネルギー分野における国家安全の課題に関する研究が記述されている。

　上記の通り、セミパラチンスク核実験場についての研究が多いが、そのほとんどがカザフスタンにおける反核運動、実験場の閉鎖過程、核実験による環境問題と被ばくした住民の健康の問題に関するものである。この問題は、医学的、環境学的、政治的、社会的な視点から部分的に書かれているが、被ばくした住民の証言、体験を中心にした研究はカザフスタンやロシアで行なわれていない。

38　Назарбаев Н.А. На пороге XXI века, Атамура 2003.

39　Назарбаев Н.А. Эпицентр мира, Атамура 2003.

40　Токаев К.К. Под стягом независимости, Білім 1997.

アケルケ・スルタノヴァ（Akerke SULTANOVA）

1983 年、カザフスタン共和国セミパラチンスク市（現セメイ市）生まれ。2000 年から 1 年間、「ヒロシマ・セミパラチンスク・プロジェクト」の支援により、山陽女学園高校（広島県廿日市市）に留学。カイナル大学国際関係学科（カザフスタン・アルマティ市）卒業。2013 年、一橋大学大学院社会学研究科修士課程修了。同博士課程退学。在カザフスタン共和国日本大使館、在日カザフスタン大使館での秘書通訳としての勤務経験のほか、NHK スペシャル「核は大地に刻まれていた〜"死の灰"消えぬ脅威〜」「ノーモア・ヒバクシャ〜核兵器のない世界を目指して〜」（2009 年 8 月放送）のカザフスタン取材の通訳を務める。

カバー写真　旧セミパラチンスク核実験場
"Kurchatov and the Polygon" by Ben Dalton (https://flic.kr/p/gyLzf2, https://flic.kr/p/gyKYQE) under a Creative Commons Attribution 2.0 Generic.
Full terms at https://creativecommons.org/licenses/by/2.0/

核実験地に住む──カザフスタン・セミパラチンスクの現在

2018 年 7 月 20 日　初版第 1 刷発行

著者─────アケルケ・スルタノヴァ
発行者────平田　勝
発行─────花伝社
発売─────共栄書房
〒 101-0065　東京都千代田区西神田 2-5-11 出版輸送ビル 2F
電話　　　　03-3263-3813
FAX　　　　03-3239-8272
E-mail　　　info@kadensha.net
URL　　　　http://www.kadensha.net
振替　　　　00140-6-59661
装幀─────鈴木　衛（東京図鑑）
印刷・製本──中央精版印刷株式会社

ISBN978-4-7634-0863-1 C0036